Wolfgang Hieber

Lernziel Deutsch

Deutsch als Fremdsprache

Grundstufe 1

Max Hueber Verlag

Bildquellenverzeichnis

Bild-Zeitung · Hamburg: Aufkleber „Ein Herz für Kinder" S. 134. Der Aufkleber ist das Emblem der gleichnamigen Bild-Verkehrsaufklärungsaktion.
Bönzli, Werner · Reichertshausen: Fotos S. 96, 152
Globus-Kartendienst · Hamburg: Schaubild S. 208
Milupa AG · Friedrichsdorf: Aufkleber „Baby im Auto" S. 134
Süddeutscher Verlag · Bilderdienst, München: Fotos S. 26, 110, 138

12. 11. | Die letzten Ziffern
1998 97 96 | bezeichnen Zahl und Jahr des Druckes.
Alle Drucke dieser Auflage können, da unverändert, nebeneinander benutzt werden.
1. Auflage
© 1983 Max Hueber Verlag · D-85737 Ismaning
Illustrationen: Bagnall-Studios (Ute Stumpp) · München
Sachzeichnungen: ASKI-Team · München
Umschlaggestaltung: Werbe- und Verlagsagentur Langbein Wullenkord · München
Layout: E. Christoph · München; E. Faltermeier · München
Verlagsredaktion: Werner Bönzli · Reichertshausen

Inhalt

Vorwort

Dieses zweibändige Lehrwerk für Jugendliche (ab 16 Jahren) und Erwachsene richtet sich in erster Linie an Lerner, die von Anfang an die strukturellen Gesetzmäßigkeiten der Zielsprache bewußt durchschauen und beim Einüben sprachlicher Muster anwenden möchten. Die Bewußtmachung grammatikalischer Regeln (im wesentlichen mit traditioneller Terminologie) nimmt hier deshalb einen verhältnismäßig breiten Raum ein; sie dient aber immer nur der sicheren Hinführung zum Lernziel: zur mündlichen und schriftlichen Kommunikationsfähigkeit.

Ganz bewußt wurden nur die elementarsten Lebensbereiche zum inhaltlichen Ausgangspunkt für die Sprachvermittlung gemacht. Durch die Progression vom allgemein Verständlichen zum Landesspezifischeren soll das Auftreten von Fremdheitsbarrieren auch für Lehrer und Lerner aus sehr unterschiedlichen Kulturkreisen möglichst vermieden werden.

„Lernziel Deutsch" führt in zwei Bänden zum „Zertifikat Deutsch als Fremdsprache". Der vorliegende erste Band ist in 15 Reihen gegliedert, deren festes Aufbauschema – zusammen mit einem sehr detaillierten Lehrerhandbuch – einen übersichtlich gesteuerten Unterrichtsablauf ermöglicht und damit auch dem selbständigen Arbeiten des Lerners entgegenkommt. Das gesamte methodische Konzept des Lehrwerks wird im Lehrerhandbuch ausführlich erläutert.

Autor und Verlag danken allen Kollegen, die bei der Erarbeitung und Erprobung dieses Lehrwerks geholfen haben.

Reihe 1

Thema

Name · Land · Wohnort

Dialoge

A Woher kommen Sie?
B Was machen Sie hier?

Grammatik

Verben	heißen	kommen
	lernen	wohnen
	arbeiten	machen

Personalpronomen	ich
	Sie
	er – sie

Fragesatz	Ja–Nein–Frage
	W–Frage

Sie heißt Yoko Ito.
Sie kommt aus Osaka.
Sie wohnt in Tokio.
Sie lernt Deutsch.

Er heißt Thomas Wild.
Er kommt aus München.
Er wohnt in Tokio.
Er lernt Japanisch.

6

Er *heißt* Dino Botta.
Er *kommt* aus Rom.
Er *wohnt* in Bonn.
Er *lernt* Deutsch.

Sie heißt Monika Mai.
Sie kommt *aus* Wien.
Sie wohnt *in* Köln.
Sie lernt Italienisch.

7

Woher kommen Sie?

Frau Ito:	Guten Tag! Ich lerne Deutsch . . .
Herr Wild:	Guten Tag!
Frau Ito:	Woher kommen Sie?
Herr Wild:	Ich komme aus München.
Frau Ito:	Und was machen Sie in Japan?
	Arbeiten Sie hier?
Herr Wild:	Ja, ich arbeite hier.
	Und ich lerne Japanisch.
Frau Ito:	Wie heißen Sie?
Herr Wild:	Ich heiße Thomas Wild. –
	Und Sie? Wie heißen Sie?
Frau Ito:	Yoko Ito. – Auf Wiedersehen, Herr Wild!
Herr Wild:	Auf Wiedersehen, Frau Ito!

Was machen Sie hier?

Dino Botta:	Ah, Sie lernen Italienisch ...
Monika Mai:	Ja.
Dino Botta:	Guten Tag! Ich heiße Dino Botta.
Monika Mai:	Guten Tag ...
Dino Botta:	Ich komme aus Italien! Aus Rom!
Monika Mai:	Aus Italien?
Dino Botta:	Ja! Aber ich wohne hier in Bonn.
Monika Mai:	Und was machen Sie hier?
Dino Botta:	Ich lerne Deutsch. –
	Wohnen Sie auch in Bonn?
Monika Mai:	Nein, ich wohne in Köln.
Dino Botta:	Und wie heißen Sie?
Monika Mai:	Monika Mai.
Dino Botta:	Wie bitte?
Monika Mai:	Mai – Monika Mai!

9

Personalpronomen und Verb

1. Person Singular

	Personalpronomen	Verb	
Wie heißen Sie?	Ich	heiß **e**	Monika Mai.
Woher kommen Sie?	Ich	komm **e**	aus Wien.
Wo wohnen Sie?	Ich	wohn **e**	in Köln.
Was machen Sie?	Ich	lern **e**	Italienisch.

3. Person Singular

maskulin

	Personalpronomen	Verb	
Wie heißt er?	Er	heiß **t**	Dino Botta.
Woher kommt Dino?	Er	komm **t**	aus Italien.
Wo wohnt Dino?	Er	wohn **t**	in Bonn.
Was macht Dino?	Er	lern **t**	Deutsch.

feminin

	Personalpronomen	Verb	
Wie heißt sie?	Sie	heiß **t**	Yoko Ito.
Woher kommt Frau Ito?	Sie	komm **t**	aus Japan.
Wo wohnt Frau Ito?	Sie	wohn **t**	in Tokio.
Was macht Frau Ito?	Sie	lern **t**	Deutsch.

3. Person Plural

	Verb		Pers.-Pron.
Ich heiße Thomas Wild.	Wie heiß	**en**	**Sie**?
Ich komme aus München.	Woher komm	**en**	**Sie**?
Ich wohne in Tokio.	Wo wohn	**en**	**Sie**?
Ich lerne Japanisch.	Was mach	**en**	**Sie**?

Grammatik

Wortstellung

W-Frage	1	2	3
	Wie	**heißen**	Sie?
	Woher	**kommen**	Sie?
	Wo	**wohnt**	sie?
	Was	**macht**	Dino Botta?
Aussage	**1**	**2**	**3**
	Ich	**heiße**	Dino Botta.
	Er	**kommt**	aus Rom.
	Monika	**wohnt**	in Bonn.
	Sie	**lernt**	Italienisch.
Ja–Nein–Frage	**1**	**2**	**3**
	Kommen	Sie	aus München?
	Lernt	er	Japanisch?
	Wohnt	Frau Ito	in Tokio?

Ort

Wo wohnen Sie?	**Woher** kommen Sie?
In Tokio.	**Aus** Japan.
In Bonn.	**Aus** Italien.
Hier.	
	Aber:
	Aus der Schweiz.
	Aus der Türkei.

Länder – Städte – Sprachen

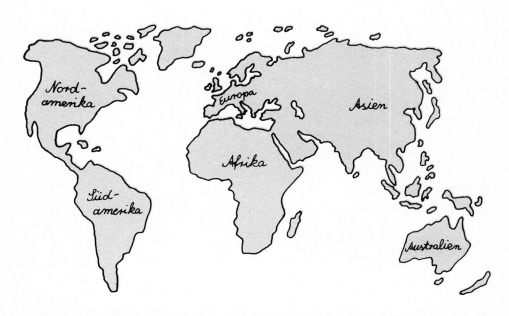

Länder	Städte	Sprachen
Japan	Osaka	Japanisch
Italien	Rom	Italienisch
Österreich	Wien	Deutsch

Partnerübungen

1 👥 **Konjugation** ich ——e

Partner 1	Partner 2
Ich heiße _____ . Und Sie?	Ich heiße _____ .
Ich komme aus ____ . Und Sie?	Ich komme _____ .
Ich wohne in _____ . Und Sie?	Ich wohne _____ .
Ich lerne _____ . Und Sie?	Ich lerne _____ .

2 👥 **W-Frage; Konjugation** er/sie ——t

	Partner 1	Partner 2
Bild 1	Wie heißt sie?	Yoko Ito.
Bild 2	Wie heißt er?	Thomas Wild.
Bild 3	_____ ?	_____ .
Bild 4	_____ ?	_____ .
Bild 1	Woher kommt Frau Ito?	Sie _____ .
Bild 2	Woher kommt Herr Wild?	Er _____ .
Bild 3	_____ ?	_____ .
Bild 4	_____ ?	_____ .
Bild 1	Wo wohnt Frau Ito?	Sie _____ .
Bild 2	Wo wohnt Herr Wild?	Er _____ .
Bild 3	_____ ?	_____ .
Bild 4	_____ ?	_____ .
Bild 1	Was macht Frau Ito?	Sie lernt _____ .
Bild 2	Was macht Herr Wild?	Er _____ .
Bild 3	_____ ?	_____ .
Bild 4	_____ ?	_____ .

3 👥 **Fragewörter** Wie? Woher? Wo ? Was?

Partner 1		Partner 2
Ich heiße _____ .	Und wie heißen Sie?	_____ .
Ich komme aus _____ .	Und _____ ?	_____ .
Ich wohne in _____ .	Und _____ ?	_____ .
Ich lerne _____ .	Und _____ ?	_____ .

4 👥 📼 **Konjugation** sie ——t, Sie ——en

Partner 1   Partner 2

	Partner 2
Frau Ito ___ aus Osaka. Und woher _____ Sie?	_____ .
Wo _____ sie?	_____ .
Und wo _____ Sie?	_____ .
Was _____ sie?	_____ .
Und was _____ Sie?	_____ .

Monika Mai ___ aus Wien.   Und …

5 👥 **Konjugation**

Partner 1   Partner 2

Ich komme aus _____ .   Dino kommt aus ____ .
Und woher kommen Sie?   _____ .
Ich wohne in _____ .   Dino . . .
Ich lerne _____ .   Dino . . .

Ich komme aus _____ .   Frau Ito kommt aus ____ .
Und woher kommen Sie?   _____ .
Ich wohne in _____ .   Frau Ito . . .
Ich lerne _____ .   Frau Ito . . .

6 👥 📼 Ja–Nein–Frage

Partner 1	Partner 2
Kommt *Herr Wild* aus *Bonn*?	Nein, aus München.

Herr Wild – Bonn?
Frau Ito – Tokio?
Monika Mai – Rom?
Dino Botta – Japan?

_____ Frau Ito – Italienisch?
_____ Herr Wild – Japanisch?
_____ Dino Botta – Deutsch?

7 👥 W–Frage und Ja–Nein–Frage

Partner 1   Partner 2

Woher kommen Sie?	Kommen Sie aus Italien?	_____ .
Wo arbeiten Sie?	_____ in München?	_____ .
Was machen Sie?	_____ ?	_____ .
Wo wohnen Sie?	_____ ?	_____ .

Schriftliche Übungen

1 ✎ Konjugation ich ——e, er/sie ——t

Er _____ Thomas Wild.	Sie _____ .	Ich _____ .
Er _____ in Tokio.	Sie _____ .	Ich _____ .
Er _____ München.	Sie _____ .	Ich _____ .
Er _____ Deutsch.	Sie _____ .	Ich _____ .

2 ✎ W–Fragen

_____ ? Dino Botta.
_____ ? Aus Japan.
_____ ? In Bonn.
_____ ? Sie lernt Deutsch.

3 🖉 Kombination

Ich	er	Thomas
Sie	Sie	Sie
Heißt	lerne	er
Kommen	wohnt	aus Italien
Was	machen	aus Wien
Wie	heißt	in Bonn
Wo	kommt	Deutsch

Ausspracheübungen

1 👤 📼 Vokale

a	Tāg – Jāpan – jā – Monika – Thomas – āber
o – ö	wō – Bǒnn – Tōkio – kǒmmen – wōhnen – Köln – Rōm
i – ie	Wīen – Wǐld – sīe – wīe – ǐch – ǐn – Italien
u – ü	Gūten Tag – Mǔnchen – ǔnd

2 👤 📼 Konsonanten

s – ß	S̃ie – aus – heißen – was – Wieders̃ehen
d – t	Tag – und – Wild – Thomas – D̃eutsch
g – k	G̃uten Tag – kommen
w – f	w̃o – w̃ie – w̃as – Frau W̃ild

3 👤 📼 Wortakzent

Zwei Silben	héi ßen – lér nen – má chen – wóh nen – Mǘn chen – Thó mas – wo hér – kóm men
Drei Silben	Ja pá nisch – Mó ni ka – ár bei ten
Vier Silben	I ta lié nisch – Wíe der se hen

📖 Kontrollübung

Aussagesätze

Herr Wild komm___ aus München.	–t
Er arbeit___ in Tokio.	–et
_____ lernt Japanisch.	Er
_____ heißt Yoko Ito.	Sie
_____ heißt Dino.	Er
_____ kommt aus Rom, _____ kommt aus Osaka.	Er – sie
Frau Ito wohnt _____ Tokio.	in
Dino kommt _____ Italien.	aus
Frau Ito lern___ Deutsch.	–t
Ich lern___ auch Deutsch.	–e
_____ komme aus Italien.	Ich
Ich _____ in Bonn.	wohne
Ich _____ Dino.	heiße

Fragesätze

_____ macht Herr Wild in Japan?	Was
_____ kommt Dino?	Woher
_____ wohnt Monika?	Wo
Wie heiß___ Sie?	–en
Was _____ Sie hier?	machen
_____ wohnen Sie?	Wo
Arbeit___ Sie hier?	–en
_____ Sie Deutsch?	Lernen
_____ Herr Wild aus Bonn?	Kommt
Heißt _____ Monika?	sie
Kommen _____ auch aus Italien?	Sie

Konjunktionen und Partikeln

Dino wohnt in Bonn. _____ wo wohnen Sie?	Und
Monika wohnt in Köln, _____ sie arbeitet in Bonn.	aber
Frau Ito wohnt in Tokio. Herr Wild wohnt _____ in Tokio.	auch

17

Verben
Ich *heiße* Monika Mai.
Ich *komme* aus Wien.
Ich *wohne* in Bonn.
Was *machen* Sie in Tokio?
Ich *lerne* Japanisch.
Ich *arbeite* hier.

Nomen
Japan
Italien
Japanisch
Italienisch
Deutsch
Tokio
Osaka
Rom
Wien

München
Bonn
Köln
Herr Wild
Frau Ito

Pronomen
ich
Sie
er
sie

Fragewörter
Was macht er in Japan?
Wo wohnt er?
Wie heißt er?
Woher kommt er?

Präpositionen
Er kommt *aus* Italien.
Sie wohnt *in* Köln.

Partikeln

ja	hier
nein	auch

Konjunktionen
und
aber

Wendungen
Ah, Sie lernen
Deutsch . . .
Guten Tag!
Auf Wiedersehen!
Wie bitte?

Reihe 2

Thema

Studium und Beruf

Dialoge

A Was sind Sie von Beruf?
B Was studierst du?

Grammatik

Verb	sein	bin	sind
		bist	seid
		ist	sind

Personalpronomen	du – wir – ihr

Possessivpronomen	mein – dein – sein – ihr
	unser – euer – ihr – Ihr

Nomen	Singular	maskulin	mein Vater
		feminin	meine Mutter
		neutrum	mein Kind
	Plural	— Lehrer	—er Kinder
		¨e Ärzte	—en Studenten

Wortbildung	—in Studentin
	Ärztin

Das *ist* Yoko Ito.
Sie *ist* Übersetzerin
und arbeitet bei Translingua.
Ihr Mann *ist* Dolmetscher.
Er arbeitet auch in Tokio.

Das *ist* Herr Wild.
Er *ist* Techniker
und arbeitet bei Technogerma.
Seine Frau *ist* Dolmetscherin.
Sie wohnt auch in Tokio.

Das ist Dino Botta.
Er ist Student und studiert in Bonn.
Seine Eltern leben in Rom.
Sein Vater ist Lehrer,
seine Mutter ist Verkäuferin.

Das ist Monika Mai.
Sie ist Studentin und studiert in Bonn.
Ihre Eltern leben in Wien.
Ihr Vater ist Arzt,
und *ihre* Mutter ist auch Ärztin.

Was sind Sie von Beruf?

Herr Wild:	Frau Ito! Guten Tag!
Frau Ito:	Ah, Herr . . .
Herr Wild:	Wild. Ich heiße Thomas Wild.
Frau Ito:	Ja! Guten Tag, Herr Wild!
	Arbeiten Sie hier?
Herr Wild:	Ja, ich arbeite bei Technogerma.
Frau Ito:	Wirklich? Ich arbeite auch hier – bei Translingua.
Herr Wild:	Ja? – Was sind Sie von Beruf, Frau Ito?
Frau Ito:	Ich bin Übersetzerin für Englisch und Französisch.
Herr Wild:	Und jetzt lernen Sie auch Deutsch!
Frau Ito:	Ja. – Und Sie? Was machen Sie?
Herr Wild:	Ich bin Techniker.
Frau Ito:	Sind Sie allein in Japan oder . . .
Herr Wild:	Nein, meine Frau und meine Kinder sind auch hier.
Frau Ito:	Arbeitet Ihre Frau?
Herr Wild:	Ja, sie ist Dolmetscherin.
Frau Ito:	Wirklich? Mein Mann ist auch Dolmetscher.

Was studierst du?

Dino Botta:	Guten Morgen, Frau Mai!
Monika Mai:	Ah, Herr Botta! Guten Tag!
Dino Botta:	Wie geht's?
Monika Mai:	Danke, gut.
Dino Botta:	Arbeiten Sie hier? Oder studieren Sie?
Monika Mai:	Ich studiere hier.
Dino Botta:	Ah, du bist Studentin! Ich bin auch Student. Wir sagen doch „du", ja?
Monika Mai:	Einverstanden! Ich heiße Monika.
Dino Botta:	Und ich Dino.
Monika Mai:	Was studierst du?
Dino Botta:	Deutsch. Und du?
Monika Mai:	Ich studiere Medizin.
Dino Botta:	Medizin?
Monika Mai:	Ja. Mein Vater ist Arzt, und meine Mutter ist auch Ärztin. – Was sind deine Eltern von Beruf?
Dino Botta:	Mein Vater ist Lehrer, meine Mutter ist Verkäuferin.

23

Possessivpronomen

Personalpronomen und Possessivpronomen

Singular	*Personalpronomen*	*Possessivpronomen*
1. Person	**Ich** bin Übersetzerin.	**Mein** Mann ist Dolmetscher.
2. Person	**Du** bist doch Student?	Und **dein** Vater? Was ist er?
3. Person	**Er** ist Arzt.	**Sein** Vater ist Lehrer.
	Sie ist Lehrerin.	**Ihr** Mann ist Arzt.

Plural		
1. Person	**Wir** sind aus Italien.	**Unser** Lehrer ist aus Wien.
2. Person	**Ihr** seid doch aus Bonn?	Und **euer** Lehrer? Woher kommt er?
3. Person	**Sie** sind in Tokio.	**Ihr** Vater ist in München.

Possessivpronomen und Nomen

Singular			
maskulin	Wo arbeitet	**Ihr**	Mann?
feminin	Und was macht	**Ihr e**	Frau?
neutrum	Ist das	**Ihr**	Kind?
Plural		**Mein e**	Eltern leben in Rom.

Berufe: Singular und Plural

maskulin		*feminin*	
Singular	*Plural*	*Singular*	*Plural*
1 **Übersetzer**	Übersetzer	**Übersetzer in**	Übersetzer innen
Lehrer	Lehrer	**Lehrer in**	Lehrer innen
2 **Arzt**	Ärzt e	**Ärzt in**	Ärzt innen
3 **Student**	Student en	**Student in**	Student innen

Personalpronomen und Verb

2. Person Singular

	Verb	Personalpronomen	
Woher	komm **st**	**du**?	Ich komme aus München.
Wie	heiß **t**	**du**?	Ich heiße Thomas Wild.
Wo	arbeit **est**	**du**?	Ich arbeite bei Technogerma.

2. Person Plural

	Verb	Pers.-Pron.
Woher	komm **t**	**ihr**?
Wo	wohn **t**	**ihr**?
Wo	arbeit **et**	**ihr**?

1. Person Plural

Pers.-Pron.	Verb	
Wir	komm **en**	aus Italien.
Wir	wohn **en**	in Bonn.
Wir	arbeit **en**	in Bonn.

3. Person Plural

Pers.-Pron.	Verb	
Wo wohnen Frau Ito und Herr Wild?	**Sie**	wohn **en** in Tokio.
Wo studieren Dino und Monika?	**Sie**	studier **en** in Bonn.

Verb sein

Singular		
1. Person	Was sind Sie von Beruf?	**Ich bin** Lehrer.
2. Person	Was **bist du** von Beruf?	Ich bin Übersetzer.
3. Person	Was ist Dino?	**Er ist** Student.
	Was ist Monika?	**Sie ist** Studentin.

Plural		
1. Person	Was sind Sie von Beruf?	**Wir sind** Techniker.
2. Person	Was **seid ihr** von Beruf?	Wir sind Dolmetscher.
3. Person	Was sind Dino und Monika?	**Sie sind** Studenten.
	Was **sind Sie** von Beruf?	Ich bin Arzt.

Berufe

Wie heißt der Beruf in Ihrer Muttersprache? (→ Glossar!)

Männer	*Übersetzung*	*Frauen*	*Übersetzung*
Kaufmann	_____	Verkäuferin	_____
Landwirt	_____	Sekretärin	_____
Fahrer	_____	Arzthelferin	_____
Verkäufer	_____	Krankenschwester	_____
Elektriker	_____	Kindergärtnerin	_____
Tischler	_____	Sozialpflegerin	_____
Bäcker	_____	Friseuse	_____
Schlosser	_____	Kassiererin	_____
Mechaniker	_____	Reinigerin	_____
Arzt	_____	Köchin	_____
Ingenieur	_____	Textilarbeiterin	_____
Architekt	_____	Lehrerin	_____
Techniker	_____	Ärztin	_____
Lehrer	_____	Hausfrau	_____

Was sind Ihre Eltern und Ihre Freunde von Beruf? (→ Wörterbuch!)

Männer	*Übersetzung*	*Frauen*	*Übersetzung*
_____	_____	_____	_____
_____	_____	_____	_____
_____	_____	_____	_____
_____	_____	_____	_____

Partnerübungen

1 👥 Verb sein; Possessivpronomen sein, ihr

Partner 1	Partner 2
Wer ist das?	Das ist *Frau Ito*.
Und das?	Das _____ .

Bild 7	Frau Ito	seine Frau	ihr Mann
Bild 8	Herr Wild	seine Eltern	ihre Eltern
Bild 9	Herr Botta	sein Vater	ihr Vater
Bild 10	Frau Mai	seine Mutter	ihre Mutter

2 👥 Berufe; Nomen auf –in

Partner 1	Partner 2
Was ist *Frau Ito* von Beruf?	Sie ist Übersetzerin.
Wo arbeitet sie?	Bei Translingua.

Frau Ito	Herr Wild	Herr Botta	Frau Mai
Herr Ito	Frau Wild	Frau Botta	Herr Mai

3 👥💿 Konjugation du ____st, ihr ____t, Sie ____en

Partner 1 ist	*Partner 2 ist*
1. Dino Botta	Monika Mai
2. Herr Wild	Frau Ito
3. Student	Dino und Monika
4. Frau Ito	Herr und Frau Wild

Partner 1

Woher komm__	du		Was studier__	du		_____ .
Wo wohn__	ihr	?	Was (sein)__	ihr	?	_____ .
Was mach__	Sie		Wie heiß__	Sie		_____ .
Wo arbeit__						_____ .

Partner 2

4 Possessivpronomen dein, Ihr, euer, unser

| *Partner 1 ist* | Dino | Herr Wild | Dino | Frau Ito |
| *Partner 2 ist* | Monika | Frau Ito | Monika und Martin | Herr und Frau Wild |

Partner 1   Partner 2

Woher komm___ | Ihr___ | Vater | ? | _____ .
Was ist | dein___ | Mutter | | _____ .
   sind | euer___ | Eltern | | _____ .
Was mach___ | | Mann | | _____ .
Wo leb___ | | Frau | | _____ .
Wo arbeit___ | | Kinder | | _____ .

5 Possessivpronomen mein, dein

Partner 1   Partner 2

Ich studiere _____ . Und was studierst du?   Ich _____ .
Ich arbeite _____ . Und wo _____ du?   _____ .
Meine Eltern leben _____ . Und wo _____ Eltern?   _____ .
Mein Vater ist _____ . Und was _____ Vater?   _____ .
Meine Mutter ist _____ . Und was _____ Mutter?   _____ .
Ich bin _____ . Und was _____ du?   _____ .

6 Gespräch über die Texte

Arbeitet Frau Ito in Tokio?   Arbeitet Herr Wild in Tokio?
Wo arbeitet sie?   Wo arbeitet er?
Was ist sie von Beruf?   Was ist er von Beruf?
Wo lebt ihr Mann?   Wo lebt seine Frau?
Was macht er?   Was macht sie?

Was macht Monika Mai in Bonn?   Was macht Dino Botta in Bonn?
Was ist sie?   Was ist er?
Was studiert sie?   Was studiert er?
Was ist ihr Vater von Beruf?   Was ist sein Vater von Beruf?
Und was macht ihre Mutter?   Was macht seine Mutter?

7 👥 Personalpronomen, Verb, Possessivpronomen

Partner 1	Partner 2
Wie heißen Sie?	_____ .
Woher komm__ _____ ?	_____ .
Wo wohn__ _____ ?	_____ .
Was _____ _____ von Beruf?	_____ .
Was studier__ _____ ?	_____ .
Wo leben _____ Eltern?	_____ .
Was ist _____ Vater von Beruf?	_____ .
Was macht _____ Mutter?	_____ .

Sie, du, er, sie

Schriftliche Übungen

1 ✎ Possessivpronomen

Ich bin _____ .	Josef ist _____ .	Maria ist _____ .
___ Eltern kommen ___ .	___ Eltern _____ .	___ Eltern _____ .
___ Vater arbeitet ___ .	___ Vater _____ .	___ Vater _____ .
___ Mutter wohnt ___ .	___ Mutter _____ .	___ Mutter _____ .

2 ✎ Berufe

	Peter Berg	Ilse Kempf	Martin Wagner	Ich
Beruf:	Bäcker	Sekretärin	Kaufmann	_____
Wohnort:	Essen	Neustadt	Nürnberg	_____
Vater:	Landwirt	Fahrer	Tischler	_____
Mutter:	Hausfrau	Verkäuferin	Arzthelferin	_____

Beispiel
Er heißt Peter Berg. Er ist Bäcker von Beruf. Er wohnt in Essen. Sein Vater ist . . .

Berufe → Glossar!

3 ✎ Nomen auf –in

Er ist Lehrer.	Sie ist Lehrerin.
Er ist Arzt.	_____ .
Er ist Verkäufer.	_____ .
Er ist Dolmetscher.	_____ .
Er ist Übersetzer.	_____ .
Er ist Fahrer.	_____ .

Ausspracheübungen

1 👤 📼 Vokale und Diphthonge

e – ä	lēben – Ĕnglisch – Ärztin – wēr – ēr – Lēhrer – lĕrnen wie gēht's? – Beruf
o	ōder – woher – Mŏrgen – Dŏlmetscher
ei – ai	mein – dein – sein – Mai – allein – heißen
au – eu, äu	Deutsch – auch – euer – Verkäufer – aus

2 👤 📼 Konsonanten

sch – st	Japanisch – Student – bist – studieren
w – f, v	was – Verkäufer – wie – Vater – Frau – Beruf
ch	auch – ich – München – Techniker
r	Verkäufer – Eltern – lernen – arbeiten – hier
b – p	leben – lebt – Bonn – Peter Berg
n – ng – nk	Englisch – Translingua – danke

3 👤 📼 Wortakzent

Zwei Silben	Be rúf – Stu dént – Él tern – wírk lich
Drei Silben	ár bei ten – Trans lín gua – Dól met scher – Fran zṓ sisch – Téch ni ker – stu díe ren – Me di zín
Vier Silben	Dól met sche rin – Ver kãu fe rin – eín ver stan den
Fünf Silben	Ü ber sét ze rin

 Kontrollübung

Aussagesätze

Ich _____ Arzt.	bin
Aber Herr Wild _____ Techniker.	ist
_____ Frau ist Dolmetscherin.	Seine/Meine
Yoko Ito arbeitet _____ Translingua.	bei
Sie ist Übersetzerin _____ Englisch.	für
_____ Mann ist Dolmetscher.	Ihr
_____ Eltern leben in Osaka.	Ihre/Seine
Guten Tag! Wir _____ Studenten.	sind
_____ lernen Deutsch.	Wir
_____ Lehrer heißt Birkel.	Unser
Das sind mein_ Eltern.	–e
Das ist mein_ Vater.	–
Das ist mein_ Mutter.	–e
Ich bin Student. Peter und Martin sind auch Student_.	–en
Ich bin Techniker. Max und Willi sind auch Techniker_.	–
Herr Ito ist Dolmetscher. Frau Wild ist auch Dolmetscher_.	–in
Er ist Arzt. Sie ist auch _____ .	Ärztin

Fragesätze

Wer _____ ihr? Was macht ihr hier?	seid
Wo sind _____ Eltern?	euere
Wer _____ du?	bist
Seid _____ auch Studenten?	ihr
Wo ist _____ Lehrer?	euer
Woher komm_ du?	–st
Wo wohn_ ihr?	–t
Wohn_ deine Eltern auch in Rom?	–en

Wendungen

Partner 1	Partner 2	
Guten Morgen, wie geht's?	_____ !	Danke, gut
Du heißt Thomas Wild?		
Ich heiße auch Thomas Wild!	_____ ?	Wirklich

31

Verben
Ich *bin* Techniker
(bist – ist – sind –
seid)
Wir *studieren* Medizin.
Wir *sagen* „du".
Sie *leben* in Wien.

Nomen
maskulin   *Plural*
Techniker   –
Verkäufer   –
Lehrer   –
Dolmetscher   –
Übersetzer   –
Vater   ¨
Beruf   –e
Arzt   ¨e
Mann   ¨er
Student   –en

feminin
Mutter   ¨
Frau   –en
Ärztin   –nen
Medizin

neutrum
Kind   –er
Nur Plural   Eltern

Englisch
Französisch

Konjunktion
Arbeiten Sie in Köln
oder in Bonn?

Partikeln
Ich bin *allein*.
Wir sagen *doch* „du",
ja?
Was machen Sie *jetzt*?

Pronomen
Personalpronomen
(1. Person) ich – wir
(2. Person) du – ihr
(3. Person) er/sie/es
         – sie/Sie
Demonstrativpronomen
Das ist . . .

Artikelwörter
Possessivpronomen
mein   unser
dein   euer
sein   ihr
ihr   Ihr

Fragewörter
Wer ist das?
Was ist er von Beruf?

Präpositionen
Er arbeitet
bei Technogerma.
Sie ist Übersetzerin
für Englisch.

Wendungen
Guten Morgen!
Wie geht's?
Danke, gut!
Wirklich?
Was sind Sie von Beruf?
Einverstanden!

Reihe 3

Thema

Familie · Geschwister · Alter

Dialoge

A Haben Sie Geschwister?
B Wer ist denn das?

Grammatik

Verb	haben	habe	haben
		hast	habt
		hat	haben

Unbestimmter Artikel			beim Verb haben:
	maskulin	ein	einen
	feminin	eine	eine
	neutrum	ein	ein

Negation	Nomen:	kein
	Verb:	nicht

Partikeln	schon	erst
	noch	nur
	denn	

Zahlen	1–100

Frau Ito ist 37 Jahre alt.
Sie ist verheiratet.
Ihr Mann ist auch 37.
Sie haben *zwei* Söhne:
ein Sohn ist *zehn*
und *ein* Sohn ist *acht*.

Herr Wild ist 40 Jahre alt.
Er ist auch verheiratet.
Seine Frau ist 39.
Sie *haben* zwei Töchter:
eine Tochter ist vierzehn
und eine Tochter ist elf.

34

Dino Botta ist 26 Jahre alt.
Er ist nicht verheiratet.
Er *hat* drei Geschwister:
einen Bruder und zwei Schwestern.
Sein Bruder ist dreißig,
seine Schwestern sind 24 und 27.

Monika Mai ist 23 Jahre alt.
Sie ist auch *nicht* verheiratet.
Sie hat zwei Brüder, aber *keine* Schwester.
Ein Bruder ist 25
und ein Bruder ist 16.

35

Haben Sie Geschwister?

Frau Ito:	Na, eine Nachricht?
Herr Wild:	Ja, meine Schwester kommt nach Tokio!
Frau Ito:	Ah, Sie haben eine Schwester . . .
Herr Wild:	Ja – und einen Bruder.
Frau Ito:	Und kommt Ihr Bruder nicht nach Japan?
Herr Wild:	Nein, Peter ist erst 17 und geht noch zur Schule.
	Meine Schwester hat in Tokio einen Kongreß.
Frau Ito:	Einen Kongreß?
Herr Wild:	Ja, hier ist ein Kongreß für Chemiker.
	Doris ist Chemikerin von Beruf.
	Haben Sie auch Geschwister?
Frau Ito:	Nur einen Bruder. Er ist 35.
Herr Wild:	Was macht er denn?
Frau Ito:	Er malt. Er ist nicht verheiratet und lebt allein.
	Na ja, ein Künstler . . .

Wer ist denn das?

Dino Botta: Ist das deine Familie?
Monika Mai: Ja. Hier, das ist mein Vater.
Dino Botta: Das ist dein Vater? Er ist noch jung!
Monika Mai: Nein, er ist schon sechzig. –
               Er hat zwei Brüder: Das hier ist Onkel Max,
               und das ist Onkel Franz.
Dino Botta: Und deine Mutter?
Monika Mai: Hier, das ist sie. Sie ist 55.
               Und das ist ihre Schwester, Tante Lore.
Dino Botta: Hast du Geschwister?
Monika Mai: Ja, ich habe zwei Brüder.
               Hier, das ist Gerd.
               Er geht noch zur Schule, er ist erst sechzehn.
               Und das ist Martin.
Dino Botta: Und das? Sind das deine Großeltern?
Monika Mai: Ja. Sie sind schon sehr alt.
               Mein Großvater ist 85, meine Großmutter ist 83.

Verb haben

Singular
1. Person	Haben Sie Geschwister?	Ja, **ich habe** eine Schwester.
2. Person	**Hast du** Geschwister?	Nein.
3. Person	Hat Dino Geschwister?	Ja, **er hat** vier Geschwister.
	Und Monika?	Ja, **sie hat** zwei Geschwister.

Plural
1. Person	Haben Sie Kinder?	Ja, **wir haben** eine Tochter.
2. Person	**Habt ihr** Kinder?	Nein, wir haben keine Kinder.
3. Person	Und Herr und Frau Ito?	Ja, **sie haben** zwei Kinder.
	Haben Sie Kinder?	Ja, zwei.

Unbestimmter Artikel

Singular			*Plural*
maskulin	Wohnt hier **ein**	Arzt?	Ja, hier wohnen **Ärzte**.
feminin	Wohnt hier **ein e**	Ärztin?	Ja, hier wohnen **Ärztinnen**.
neutrum	Wohnt hier **ein**	Kind?	Ja, hier wohnen **Kinder**.

Unbestimmter Artikel beim Verb haben

Singular			*Plural*
maskulin	Ich habe ein **en**	Bruder	
feminin	und ein **e**	Schwester.	Haben Sie Geschwister?
neutrum	Wir haben ein	Kind.	Haben Sie Kinder?

Berufe: Kein Artikel im Singular

Was sind Sie von Beruf?   Ich bin **Chemiker**.

Negation: nicht – kein

Verb	*Verb* + nicht
Ah, Sie kommen aus Japan?	Nein, ich **bin nicht** aus Japan.
Wo ist Peter?	Er **kommt nicht.**
Ist das Ihre Frau?	Nein. Ich **bin nicht** verheiratet.
Wo ist Herr Ito?	Er **ist nicht** hier.

Unbestimmtes Nomen	kein + *Nomen*	
Wo ist hier ein Arzt?	Hier wohnt **kein**	**Arzt.**
Was studiert sie?	Sie ist **kein e**	**Studentin.**
Was ist er von Beruf?	Er hat **kein en**	**Beruf.**
Haben Sie einen Sohn?	Ich habe **kein e**	**Kinder.**

Partikeln

denn	Wie heißen Sie **denn**?	Was sind Sie **denn** von Beruf?
nur	Sie hat drei Brüder.	Er hat **nur** einen Bruder.
schon – noch	Monika studiert **schon**.	Gerd geht **noch** zur Schule.
schon – erst	Monika ist **schon** 23.	Gerd ist **erst** sechzehn.

Ort und Richtung

wo?		**woher?**	**wohin?**	
Er wohnt	**in** Bonn.	Sie kommt	Sie kommt **nach** Japan.	
Er ist	**in** Köln.	**aus** Osaka.	Sie geht	**nach** Bonn.
Er arbeitet	**bei** Technogerma.	Sie ist **aus** Wien.	Er geht	**zur** Schule.

Familie

meine Schwester

mein Großvater

meine Großmutter

mein Bruder

mein Onkel

meine Frau

meine Tochter

meine Tante

Ich

meine Mutter

mein Vater

meine Tochter

mein Schwager

Deutsch	Übersetzung	Deutsch	Übersetzung
Vater	_____	Mutter	_____
Bruder	_____	Schwester	_____
Sohn	_____	Tochter	_____
Großvater	_____	Großmutter	_____
Onkel	_____	Tante	_____
Schwager	_____	Schwägerin	_____

Leseübungen: Zahlen 1–100

A 📖

0 null	10 zehn	20	zwanzig
1 eins	11 elf	21	ein und zwanzig
2 zwei	12 zwölf	22	zwei und zwanzig
3 drei	13 drei zehn	23	3 und zwanzig
4 vier	14 vier zehn	24	vier + zwanzig
5 fünf	15 5 zehn	25	fünf und 20
6 sechs	16 sech 10	26	sechs + 20
7 sieben	17 sieb 10	27	sieben + zwanzig
8 acht	18 8 zehn	28	acht + 20
9 neun	19 neun 10	29	9 und zwanzig

B 📖

30 drei ßig	31 einunddreißig	$36 = 6 + 30$
40 vier zig	42 zweiundvierzig	$49 = 9 + 40$
50 fünf zig	53 dreiundfünfzig	$53 = 3 + 50$
60 sech zig	64 vierundsechig	$61 = 1 + 60$
70 sieb zig	75 fünfundsiebzig	$74 = 4 + 70$
80 acht zig	86 sechsundachtzig	$88 = 8 + 80$
90 neun zig	97 siebenundneunzig	$92 = 2 + 90$

C 📖 🎧

15 ●●	57 ●●•●	3 ●
19 ●●	32 ●●•●	12 ●
13 ●●	78 ●●•●	20 ●
18 ●●	91 ●●•●	23 ●●•●
14 ●●	44 ●●•●	27 ●●•●
17 ●●	63 ●●•●	0 ●

Partnerübungen

1  Verb haben; unbestimmter Artikel

Partner 1

Haben Sie Geschwister?
_____ Sie Kinder?
_____ Ihr Vater Geschwister?
_____ Ihre Mutter Geschwister?

_____ du Geschwister? . . . .

Partner 2

Nein.		
Ja,	ich	habe . . . . .
	er	hat
	sie	

2  Verb sein; Zahlen

Partner 1

Wie alt sind Sie?
_____ Ihre Geschwister?
_____ Ihr Vater?
_____ Ihre Mutter?

_____ du?
_____ deine Geschwister? . . . .

Partner 2

Ich		bin
Er		ist
Sie		
Ein	Bruder	
Eine	Schwester	
Mein		
Meine		

3  Gespräch über ein Familienfoto

Partner 1

Ist das deine Familie?
Wer ist denn das?
Wie heißt _____ ?
Wie alt ist _____ ?
Wo wohnt _____ ?
Was macht _____ ?

Und wer ist das?

Partner 2

Ja.
Das ist _____ .
_____ heißt _____ .
_____ .
_____ .
_____ .

Das ist . . . .

4 Nomen (Singular – Plural); ein-, kein-

Partner 1

Wo sind denn Ihre Kinder?

Partner 2

Was sagen Sie? Kinder?
Ich habe doch nur ein Kind.

Wo sind	Ihre	Kinder
wohnen	deine	Töchter
leben		Söhne
arbeiten		Brüder
Wie heißen		Schwestern
Was machen		
studieren		

nur ein	Kind
eine	Tochter
einen	Sohn
kein	Bruder
keine	Schwester
keinen	

5 Gespräch über die Texte

Hat Herr Wild viele Geschwister?
Wie heißt seine Schwester?
Was macht sie in Tokio?
Was ist sie von Beruf?
Wie alt ist sein Bruder?
Wie heißt er?
Was macht er?

Ist Frau Ito verheiratet?
Wie alt ist ihr Mann?
Hat sie Geschwister?
Wie alt ist ihr Bruder?
Was ist er von Beruf?
Ist er verheiratet?

Wie alt ist Monika Mai?
Wie alt ist ihr Vater?
Hat ihr Vater Geschwister?
Wie heißen sie?
Wie alt ist ihre Mutter?
Hat ihre Mutter Geschwister?
Wie heißt ihre Tante?
Wie viele Geschwister hat Monika?
Wie heißen sie?
Was macht Gerd?
Hat Monika noch Großeltern?
Wie alt sind sie?

Schriftliche Übung

 Kombination

Meine Geschwister	bin	noch jung
Wir	ist	Student
Mein Bruder	sind	verheiratet
Meine Schwester	habe	keine Geschwister
Meine Brüder	hat	einen Sohn
Ich	haben	nicht hier

Ausspracheübungen

1  **Vokale**

o – ö   Sōhne – Tŏchter – Sōhn – wōhnen – zwŏlf

u – ü   Brūder – fŭnf – ŭnd – Brūder – Mŭnchen – dū – für – Mŭtter – Übersetzerin – Kŭnstler – Berūf

e – ä   wēr – Vāter – Lēhrer – Schwĕster – Ărztin – Kongrēß – Pēter

2 **Konsonanten**

r   drei – Bruder – Kongreß – Nachricht – Eltern – er

schw – zw   Schwester – zwölf – Geschwister – zwanzig – zwei

tz – ts – ds   wie geht's – abends – jetzt

3 **Wortakzent**

Zwei Silben   Nách richt – Kon gréß – Kűnst ler – Kín der – Tóch ter

Drei Silben   Ge schwís ter – Fa mí lie – Gróß el tern – Gróß va ter

Vier Silben   ver heí ra tet – Ché mi ke rin – dreí und acht zig

📖 Kontrollübung

Negation: nicht **oder** kein–?

Sie ist verheiratet. Aber er ist _____ verheiratet.	nicht
Sie hat einen Sohn. Aber er hat _____ Kinder.	keine
Sie hat einen Beruf. Aber er hat _____ Beruf.	keinen
Sie arbeitet. Aber er arbeitet _____ .	nicht
Sie hat einen Bruder. Aber er hat _____ Bruder.	keinen

Partikeln erst, nur, schon, noch, denn

A: Wie alt bist du _____ ? B: Sechzehn.	denn
A: Wirklich? Bist du _____ sechzehn?	erst/schon
Ich bin _____ achtzehn. B: Und was machst du?	schon
A: Ich gehe _____ zur Schule. Und du?	noch
B: Ich auch. Aber meine Schwestern studieren _____ .	schon

Präpositionen (Ort – Richtung) in, zur, nach, aus

Herr Wild arbeitet _____ Tokio.	in
Sein Bruder geht noch _____ Schule.	zur
Seine Schwester kommt _____ Japan.	nach
Sie schreibt _____ München.	aus

Artikelwörter bei sein **und** haben.

Wer ist das? Ist das euer ___ Dolmetscher?	–
Nein, wir haben kein___ Dolmetscher.	–en
Wer ist das? Ist das euer___ Übersetzerin?	–e
Nein, wir haben kein___ Übersetzerin.	–e

Verb haben

Sie kommt nach Tokio. Sie _____ hier einen Kongreß.	hat
_____ du Geschwister?	Hast
Ja, ich _____ einen Bruder und eine Schwester.	habe
_____ Sie eine Nachricht?	Haben

Verben

Ich *habe* einen Sohn.
(hast – hat – habt –
haben)
Mein Bruder *malt*.
Sie *geht* zur Schule.

Nomen

maskulin	*Plural*
Großvater	¨
Onkel	–
Bruder	¨
Sohn	¨
Künstler	–
Chemiker	–
Kongreß	Kongresse
feminin	
Großmutter	¨
Tante	–n
Schwester	–n
Tochter	¨
Schule	–n
Familie	–n
Nachricht	–en

neutrum	*Plural*
Jahr	–e

Nur Plural:

Geschwister
Großeltern

Artikelwörter

Ich habe *eine*
Schwester.
Ich habe *keinen*
Bruder.

Adjektive

Er ist 70 Jahre *alt*.
Er ist schon *alt*.
Sie ist noch *jung*.
Sie ist *verheiratet*.

Pronomen

Mein Kind – *es* ist 9.

Fragewort

Wie viele Kinder
haben Sie?

Partikeln

Er geht *noch* zur
Schule.
Sie studiert *schon*.
Mein Großvater ist
sehr alt.
Er ist *erst* 23.
Er hat *nur* einen Sohn.
Was studiert er *denn*?
Sie ist *nicht*
verheiratet.

Präpositionen

Sie kommt *nach* Tokio.
Er geht *zur* Schule.

Wendungen

Na, eine Nachricht?
Na ja, ein Künstler . . .

Reihe 4

Thema

Tagesablauf · Termine

Dialoge

A Wann fahren Sie nach Osaka?
B Am Freitag habe ich wieder Zeit.

Grammatik

Zeitangaben	wann?	um acht Uhr
	um wieviel Uhr?	am Montag
	wie lange?	bis fünf Uhr
	wie oft?	zwei Stunden
Starke Verben	fahren – fährt	
	schlafen – schläft	
	lesen – liest	
	essen – ißt	
Bestimmter Artikel	der	
	die	
	das	

Wie spät ist es?
Es ist halb acht.
Herr Wild geht ins Büro.
Vormittags arbeitet er *von* acht Uhr *bis* zwölf Uhr.
Um zehn Uhr dreißig *beginnt* eine Besprechung.
Die Besprechung *dauert* eineinhalb Stunden.

Wie spät ist es *jetzt*?
Es ist zwölf Uhr.
Herr Wild geht zum Mittagessen.
Nachmittags arbeitet er *von* ein Uhr *bis* fünf Uhr.
Um halb drei kommt ein Kollege.
Er bleibt *bis* drei Uhr.

Wieviel Uhr ist es?
Es ist Viertel *nach* acht.
Dino Botta fährt zur Universität.
Am Vormittag hat er zwei Stunden Deutschkurs.
Der Unterricht *beginnt um* neun.
Mittags fährt Dino nach Hause und schläft dann eine Stunde.

Wieviel Uhr ist es *jetzt*?
Es ist Viertel *vor* zwei.
Dino Botta bleibt *am Nachmittag* zu Hause.
Zuerst lernt er zwei Stunden Deutsch.
Dann liest er Zeitung und schreibt Briefe.
Am Abend um sieben kommt sein Freund.

Wann fahren Sie nach Osaka?

Herr Wild:	Guten Morgen, Fräulein Lau!
Fräulein Lau:	Guten Morgen, Herr Wild!
Herr Wild:	Ist Herr Maier schon im Büro?
Fräulein Lau:	Nein, er kommt heute um zehn.
Herr Wild:	Erst um zehn? Aber wir haben doch eine Besprechung!
Fräulein Lau:	Ja, aber die Besprechung beginnt erst um halb elf.
Herr Wild:	Ach so! –
Fräulein Lau:	Wann fahren Sie eigentlich nach Osaka?
Herr Wild:	Das weiß ich noch nicht. Vielleicht am Dienstag abend.
Fräulein Lau:	Und wie lange bleiben Sie?
Herr Wild:	Am Freitag nachmittag bin ich wieder in Tokio. – Wie oft fahren denn Züge nach Osaka?
Fräulein Lau:	Moment, hier ist der Fahrplan . . . Alle zwölf Minuten fährt ein Zug.
Herr Wild:	Gut, dann fahre ich vielleicht am Dienstag gegen 21 Uhr und bin am Freitag gegen 15 Uhr wieder in Tokio.

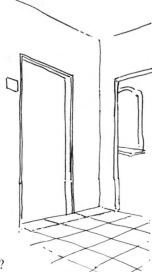

Am Freitag habe ich wieder Zeit.

Dino Botta:	Hallo, Monika!
Monika Mai:	Ah, Dino! Na, was machst du denn hier?
Dino Botta:	Ich habe meinen Deutschkurs.
Monika Mai:	Jetzt?
Dino Botta:	Ja, von neun bis halb elf. – Und du? Was machst du?
Monika Mai:	Ich habe eine Vorlesung, aber erst um zehn.
Dino Botta:	Wie lange dauert die Vorlesung?
Monika Mai:	Bis zwölf.
Dino Botta:	Und nachher? Hast du dann Zeit?
Monika Mai:	Nein, dann gehe ich nach Hause und lerne.
	Wir haben bald eine Prüfung.
Dino Botta:	Wann?
Monika Mai:	Am Donnerstag.
Dino Botta:	Lernen, lernen, immer lernen . . .
Monika Mai:	Nur noch heute und morgen, dann habe ich wieder Zeit. –
	Du, es ist schon zwei Minuten vor neun!
	Dein Unterricht beginnt!
Dino Botta:	Was?! Ich habe erst Viertel vor neun.
Monika Mai:	Vielleicht stimmt deine Uhr nicht . . .
Dino Botta:	Oder deine Uhr stimmt nicht . . .
	Also, tschüs, bis Freitag!

Zeit

Fragewörter	*Präpositionen*	
Wieviel Uhr ist es?	Fünf **vor** zwei.	
	Zehn **nach** drei.	
Wann fährst du?	**Am** Dienstag.	
Um wieviel Uhr fährst du?	**Um** halb elf.	
	Gegen acht Uhr.	
Wie lange bleiben Sie?	**Bis** morgen.	
	Von heute **bis** morgen.	
	Einen Tag.	
Wie oft fahren Züge?	Alle zwölf Minuten.	

Orthographie	*Zeit-Partikeln*		
Am **V**ormittag	Hast du	**jetzt**	Unterricht?
vormittags	Ich komme	**erst**	um zehn.
heute **v**ormittag	Hast du	**nachher**	Zeit?
Sonntag **v**ormittag	Er schläft	**zuerst**	eine Stunde.
	Er liest	**dann**	Zeitung.
Am **A**bend	Wir haben	**bald**	eine Prüfung.
abends	Sie lernt	**immer.**	
morgen **a**bend	Seid ihr	**schon**	zu Hause?
Montag **a**bend	Sind Sie	**heute**	im Büro?
	Er kommt	**morgen**	nicht.

Wortstellung

1	2	3a	3b
Ich '	gehe	**um sechs Uhr**	nach Hause.
Um sechs Uhr	gehe	ich	nach Hause.

Genus: Bestimmter Artikel

maskulin	**Der** Kongreß dauert drei Tage.	**r** Kongreß
feminin	**Die** Besprechung ist im Büro.	**e** Besprechung
neutrum	**Das** Mittagessen ist um zwölf.	**s** Mittagessen

Starke Verben

Singular					
1. Person	Ich fahre	jetzt.	schlafe	lese	esse
2. Person	**Fährst**	du jetzt?	**schläfst**	**liest**	**ißt**
3. Person	Er **fährt**	jetzt.	**schläft**	**liest**	**ißt**
Plural					
1. Person	Wir fahren	jetzt.	schlafen	lesen	essen
2. Person	Fahrt	ihr jetzt?	schlaft	lest	eßt
3. Person	Sie fahren	jetzt.	schlafen	lesen	essen

Ort und Richtung

wo?			**wohin?**		
Ist Herr Maier	**im** Büro?		Herr Wild geht	**ins** Büro.	
Dino Botta bleibt	**zu** Hause.		Dino Botta fährt	**zum** Deutschkurs.	
Herr Wild wohnt	**in** Tokio.		Dino Botta fährt	**nach** Hause.	
			Herr Wild fährt	**nach** Osaka.	

Termine

Stundenplan

Name: _Weber, Kurt_   Klasse: _4 b_

Zeit	Montag	Dienstag	Mittwoch	Donnerstag	Freitag	Samstag
8⁰⁰ – 8⁴⁵	Deutsch	Religion	Mathematik	Deutsch	Musik	Deutsch
8⁵⁰ – 9³⁵	Musik	Mathematik	Deutsch	Religion	Mathematik	Sachkunde
9⁵⁵ – 10⁴⁰	Mathematik	Deutsch	Sachkunde	Sport	Werken	Kunsterziehung
10⁴⁵ – 11³⁰	Sachkunde	Werken	Sport	Mathematik	Sport	Religion

Terminplan

SEPTEMBER 1982

Wo

1	Mi	Bremen	
2	Do		
3	Fr	☺	
4	Sa		
5	So		
6	Mo		36
7	Di	9⁰⁰ Frau Klotz	
8	Mi		
9	Do	11⁰⁰ Herr Weber	
10	Fr	☾	
11	Sa		
12	So		
13	Mo		37
14	Di		
15	Mi		
16	Do		
17	Fr	● 19³⁰ Karl + Ines	
18	Sa		
19	So	12⁰⁰ Essen bei Eltern	
20	Mo	Lindau	38
21	Di		
22	Mi		
23	Do	Herbstanfang	
24	Fr		
25	Sa	☽	
26	So		
27	Mo		39
28	Di		
29	Mi	10⁰⁰ Besprechung	
30	Do		

Fahrplan

Zeit	Zug	Richtung
7.47	D 217	*Austria-Express* Rosenheim 8.29 – Salzburg 9.30 – Badgastein 11.56 – Villach 13.28 – **Klagenfurt 14.15** Graz 15.25
7.48	E 3531	Holzkirchen 8.19 (– Lenggries 9.01 und – Tegernsee 9.02 ⑥ und † 9.00) – Schliersee 8.52 – **Bayrischzell 9.27**
7.52 außer ⑥	S	**Deisenhofen 7.59** (– Holzkirchen 8.32)
⑥ † 7.56	E 3579	Holzkirchen 8.23 – Bad Tölz 8.48 – **Lenggries 9.01** und **– Tegernsee 9.00**
8.00		
8.00	D 1481	Rosenheim 8.41 – Kufstein 9.03 – Innsbruck 10.20 – Brenner 11.22 – Bozen 13.23 – Trient 14.16 – Verona 15.27 – Bologna 17.10 – Rimini 18.46 – Pesaro 19.42 – Ancona 20.49 – **Pescara 23.02** Meran 15.08 Cervia 19.49
8.00	E 2162	Buchloe 8.50 – Memmingen 9.30 – Lindau 10.44 – Singen (Htw) 12.37 – Basel Bad Bf 14.06 – **Freiburg (Brsg) 15.08** Oberstdorf 10.56
⑥, † 8.08	E 3551	München Ost 8.18 – Grafing 8.34 – Rosenheim 8.52 – Brannenburg 9.12 – **Kufstein 9.29**
8.14	686	*Albrecht Dürer* Augsburg 8.44 – Nürnberg 9.55 – Würzburg 10.58 – Hannover 14.38 (– Hamburg 16.24) – **Bremen 15.46**
8.20	D 291	*Akropolis* Salzburg 9.56 – Villach West 13.04 – Jesenice 12.46 MEZ – Ljubljana 14.10 – Zagreb 16.41 – Belgrad 22.20 – Kosovo Polje 5.00 – Skopje 7.03 – Thessaloniki 14.17 MZ – **Athen 23.00** Rijeka 17.02 Platzkartenpflichtig

Partnerübungen

1 Die Uhrzeit

Partner 1:

| Wie spät ist es? |
| Wieviel Uhr ist es? |

Partner 2: Es ist _____ .

zwei Uhr   Viertel nach zwei   halb drei   Viertel vor drei

fünf vor zwei   zehn nach zwei   zehn vor halb drei   fünf nach halb drei

2 Fragewörter (Zeit); Zeitangabe

Partner 1

| Wann |
| Um wieviel Uhr |
| Wie lange |

geht Herr Wild ins Büro?
arbeitet er?
beginnt die Besprechung?
dauert sie?
kommt ein Kollege?
bleibt er?
fährt Dino zur Universität?
beginnt der Unterricht?
dauert er?
fährt Dino nach Hause?
lernt er?
kommt sein Freund?

Partner 2

| Um _____ |
| Von _____ bis _____ |
| _____ Stunden |

3  Fragewörter (Zeit); Zeitangabe

Partner 1

Es ist zehn nach sieben.
Der Kongreß beginnt um acht Uhr.
Er dauert vier Tage.
Ich gehe um zwölf zum Essen.
Heute abend haben wir Zeit.
Ich bleibe bis Montag.
Am Montag fahre ich nach Hause.

Partner 2

Wie bitte?

> Wann . . .?
> Um wieviel Uhr . . .?
> Wie spät . . .?
> Wie lange . . .?
> Bis wann . . .?

4 Starke Verben

	Partner 1	Partner 2
essen	Herr Wild _____ um zwölf.	Und wann _____ Sie?
lesen	Dino _____ nachmittags Zeitung.	Und wann _____ ?
fahren	Herr Wild _____ um fünf nach Hause.	Und wann _____ ?
schlafen	Dino _____ mittags eine Stunde.	_____ Sie mittags auch?
	Herr Wild _____ um zwölf.	Und wann _____ du?
	. . . .	

5 Ein Tag

Partner 1

Was machen Sie am Vormittag?
Was machen Sie am Nachmittag?
Was machen Sie abends?

> Um _____
> Von _____
> bis _____
> Gegen _____

Unterricht haben
Deutsch lernen
Briefe schreiben
zu Hause bleiben
zum Essen gehen
zur Uni fahren

6 👥 Präpositionen (Zeitangaben)

Partner 1   Partner 2

Wann kommen Sie heute abend?
Um wieviel Uhr fährt der Zug?
Wie lange fährt er nach Bonn?
Wann kommt Ihr Kollege?
Bis wann bleibt er hier?
Wann beginnt die Besprechung?
Wie lange arbeiten wir?

| Gegen |
| Um |
| Am |
| Bis |
| Von |
| – |

halb neun.
17 Uhr 35.
Montag.
neun bis elf.
Drei Stunden.
. . . . .

7 👥 Gespräch über die Texte

Wo arbeitet Fräulein Lau?   Was macht Dino?
Um wieviel Uhr kommt Herr Maier?   Wann beginnt sein Unterricht?
Wann beginnt die Besprechung?   Wie lange dauert er?
Wann fährt Herr Wild nach Osaka?   Was macht Monika?
Wie lange bleibt er in Osaka?   Wann hat sie Vorlesung?
Wie oft fahren Züge nach Osaka?   Wie lange dauert die Vorlesung?
Um wieviel Uhr fährt Herr Wild?   Hat sie nachmittags Zeit?
Wann ist er wieder in Tokio?   Wann hat sie Prüfung?

Schriftliche Übungen

1 ✏️ Präpositionen (Ort und Richtung)

Herr Burger lebt _____ Hamburg. Morgens geht er _____ Büro.
_____ Büro arbeitet er vier Stunden. Um zwölf geht er _____ Mittagessen.
Nachmittags um fünf geht er _____ Hause.
Seine Schwester heißt Petra. Sie fährt am Vormittag _____ Uni.
Nachmittags bleibt sie _____ Hause und lernt. Sie studiert Medizin.

2 ✎ Wortstellung: Zeit

Beispiel
Um zwölf Uhr essen wir. – Wir essen um zwölf Uhr.

Wir essen – um zwölf Uhr
Wir haben Unterricht – am Nachmittag
Ich habe Zeit – am Dienstag
Dino fährt nach Hause – jetzt
Wir lernen Deutsch – am Vormittag
Herr Wild liest Zeitung – am Abend
Monika schreibt Briefe – am Sonntag

Ausspracheübungen

1 👤 ◉◖ Vokale und Diphthonge

Lange Vokale   jā – wō – dū – Bürō – zū – Tāg – ēr – Zūg – Kollēge – spāt –
ābends – āber – Brīefe – Sīe – wīe –Vīertel – wīevīel – līest – gēhen
Ūhr – fāhren – schlāft

Kurze Vokale   kŏmmen – begĭnnen – Hĕrr – mĭttags – Kŏllege – ĭst – jetzt – hălb
ăcht – Wĭld – ĭns – Stŭnden – ĕs – vŏn – ăm – ŭm – bĭs – zŭm

Diphthonge   arbeiten – eineinhalb – drei – bleibt – Zeitung – dauert – zu Hause
Freund

2 👤 ◉◖ Wortakzent

Zwei Silben   Bü ró – Stún de – wie víel – Víer tel – be gínnt – zu Háu se – zu érst
Zeí tung – Fráu lein –Fáhr plan – Prǘ fung – hál lo – nách her

Drei Silben   vór mit tags – Be spréch ung – Nách mit tag – Kol lé ge – Ún ter-
richt – eí gent lich – Mi nú te – Vór le sung

Vier Silben   Mít tag es sen

📖 Kontrollübung

Zeit: Fragewörter und Präpositionen

A: _____ fährst du nach Heidelberg?   Wann

B: _____ Montag.   Am

A: _____ Uhr fährst du?   Um wieviel

B: _____ acht Uhr fünfzehn.   Um

A: _____ oft fahren eigentlich Züge nach Heidelberg?   Wie

B: _____ fünfzig Minuten.   Alle

A: _____ lange fährt der Zug von Bonn nach Heidelberg?   Wie

B: _____ Zwei Stunden.   –

A: Und _____ lange bleibst du in Heidelberg?   wie

B: _____ Mittwoch.   Bis

A: Bist du dann _____ Donnerstag wieder hier?   am

B: Ja, ich bin nur _____ Montag _____ Mittwoch nicht hier.   von – bis

    Du, _____ Uhr ist es jetzt?   wieviel

A: Ich weiß nicht. Vielleicht _____ neun.   –/gegen

Zeitpartikeln

Heute ist Freitag. _____ ist Samstag.   Morgen

Samstag nachmittags_ bleibe ich zu Hause.   –

_____ schlafe ich eine Stunde, _____ lese ich Zeitung.   Zuerst – dann

Aber _____ ist noch Freitag.   jetzt

Starke Verben

Ich fahre um neun zur Universität. Dino _____ um acht.   fährt

Und du? Wann _____ du?   fährst

Ich esse um zwölf. Dino _____ auch um zwölf.   ißt

Und du? Wann _____ du?   ißt

Ich schlafe mittags nicht. Dino _____ mittags.   schläft

Und du? _____ du mittags?   Schläfst

Ich lese vormittags Zeitung. Dino _____ nachmittags.   liest

Und du? Wann _____ du Zeitung?   liest

Verben
Die Besprechung
beginnt um zehn.
Sie *dauert* bis zwölf.
Dann *essen* wir.
Ich *bleibe* bis vier.
Sie *fährt* nach Hause.
Sie *schläft* eine Stunde.
Sie *liest* Zeitung.
Sie *schreibt* Briefe.
Die Uhr *stimmt* nicht.

Nomen
r Vormittag, –e
r Nachmittag, –e
r Abend, –e
r Morgen, –
r Unterricht
r Kollege, –n
r Freund, –e
r Fahrplan, ̈–e
r Zug, ̈–e
r Brief, –e
r Deutschkurs, –e
e Zeit, –en
e Zeitung, –en
e Minute, –n
e Stunde, –n
e Besprechung, –en
e Vorlesung, –en
e Prüfung, –en
e Uhr, –en
e Universität, –en
s Mittagessen
s Büro, –s
s Fräulein

r Sonntag
r Montag
r Dienstag
r Mittwoch
r Donnerstag
r Freitag
r Samstag

Fragewörter
Wann hast du Zeit?
Wie lange bleibst du?
Wie spät ist es?
Wieviel Uhr ist es?
Wie oft fährt ein Zug?

Artikelwort
Alle zwölf Minuten
fährt ein Zug.

Zahlwörter
Er bleibt *eineinhalb*
Stunden.
Es ist *halb* acht.
Es ist *Viertel* vor vier.

Pronomen
Wie spät ist *es?*
Es ist neun Uhr.

Partikeln
Ich bin *heute* im Büro.
Morgen ist Dino hier.
Gut, *dann* komme ich
morgen.
Zuerst schläft er.
Dann liest er Zeitung.

Monika kommt *bald*.
Hast du *nachher* Zeit?
Es ist neun Uhr *abends*.
Heute *abend* kommt er.
Er kommt bald *wieder*.
Sie ist *immer* hier.
Vielleicht kommt er
am Montag.
Kommt er *eigentlich*?

Präpositionen
Er kommt *um* acht Uhr.
Er bleibt *bis* zehn.
Es ist Viertel *vor* neun.
Es ist fünf *nach* zehn.
Am Morgen hat er Zeit.
Er arbeitet *von* acht
bis zwölf.
Ich fahre *gegen* zehn.
Er fährt *nach* Hause.
Er arbeitet *zu* Hause.
Er geht *ins* Büro.
Er ist *im* Büro.
Er geht
zum Mittagessen.
Er fährt
zur Universität.

Wendungen
Hallo, Dino!
Also, tschüs, bis
Freitag!
Ach so!
Moment, . . .
Was!?
Das weiß ich nicht.

Reihe 5

Thema

Einladung ins Kino
Einladung ins Theater

Dialoge

A Haben Sie schon etwas vor?
B Komm doch mit!

Grammatik

Trennbare Verben	ich rufe . . . an
	ich lade . . . ein
	ich gehe . . . aus
	der Zug fährt . . . ab
	der Zug kommt . . . an
Imperativ	Warte!
	Warten Sie!
	Wartet!
Partikeln beim Imperativ	bitte
	doch
	mal
	doch mal

Herr Wild bleibt heute abend zu Hause.
Zuerst arbeitet er noch, dann *sieht* er *fern*.
Aber Frau Wild *geht aus*.
Sie *ruft* Fräulein Lau *an*
und *lädt* sie ins Kino *ein*.
Der Film heißt „Ein Amerikaner in Paris".

Um sieben *geht* Frau Wild zu Hause *weg*.
Die U-Bahn fährt eine halbe Stunde.
Um Viertel vor acht *kommt* sie am Kino *an*.
Dort wartet Fräulein Lau.
Der Film *fängt* um acht *an* und dauert bis zehn.
Dann *fährt* Frau Wild nach Hause *zurück*.

Dino Botta *hat* heute abend auch etwas *vor*:
er geht ins Theater.
Das Stück heißt „Galileo Galilei".
Er hat zwei Karten.
Deshalb *ruft* er Monika *an* und *lädt* sie *ein*.
Monika *kommt* gern *mit*.

Monika *geht* um halb sieben zu Hause *weg*.
Der Bus fährt zwanzig Minuten.
Um zehn nach sieben *kommt* sie am Theater *an*.
Dort wartet schon Dino.
Das Stück *fängt* um halb acht *an* und dauert drei Stunden.
Um elf *fahren* Dino und Monika wieder *heim*.

63

Haben Sie schon etwas vor?

Frau Wild ruft Fräulein Lau an.

Frau Wild:	Guten Tag, Fräulein Lau! Hier ist Christa Wild.
Fräulein Lau:	Ah, guten Tag, Frau Wild!
	Ist Ihr Mann noch nicht zu Hause?
Frau Wild:	Doch, doch.
	Nur eine Frage: Haben Sie heute abend schon etwas vor?
Fräulein Lau:	Nein, noch nicht. Warum?
Frau Wild:	Heute läuft der Film „Ein Amerikaner in Paris".
	Kommen Sie mit?
Fräulein Lau:	Hm . . . Ins Kino? Heute abend?
Frau Wild:	Ja. Kommen Sie doch mit, Fräulein Lau!
	Ich gehe nicht gern allein ins Kino.
Fräulein Lau:	Gut, ich komme mit. –
	Und Ihr Mann? Bleibt er zu Hause?
Frau Wild:	Ja, jetzt arbeitet er noch, nachher sieht er fern,
	und dann schläft er bald. Er geht nicht gern aus.
Fräulein Lau:	Na ja, dann gehen wir zwei! Wo läuft der Film denn?
Frau Wild:	Im Kino am Hotel Nikko.
Fräulein Lau:	Und wann fängt er an?
Frau Wild:	Um acht. Kommen Sie zum Kino!
	Ich warte dort um Viertel vor acht.
Fräulein Lau:	Gut. – Also, bis dann! Auf Wiedersehen!

Komm doch mit!

Dino Botta ruft Monika Mai an.

Dino Botta: Hallo, Monika! Hier ist Dino!

Monika Mai: Ah, Dino! Na, wie geht's?

Dino Botta: Danke, gut. – Du, was machst du heute abend?

Monika Mai: Ich weiß noch nicht. Vielleicht fernsehen oder lesen . . .

Dino Botta: Nicht lernen?

Monika Mai: Nein, nein – die Prüfung ist vorbei.
Ich habe wieder Zeit.

Dino Botta: Prima. – Du, ich gehe ins Theater.
Ich habe noch eine Karte. Komm doch mit!

Monika Mai: Ins Theater? Heute abend?

Dino Botta: Ja. Es ist ein Stück von Brecht: „Galileo Galilei".

Monika Mai: Was? „Galilei" von Brecht? Das ist toll!
Ich komme gern mit. – Wann fängt das Stück denn an?

Dino Botta: Um halb acht.

Monika Mai: Und wieviel Uhr ist es jetzt?

Dino Botta: Viertel nach sechs.

Monika Mai: Was?! Aber der Bus . . .

Dino Botta: Ja, ja, mach schnell!
Ich bin um Viertel nach sieben am Theater und warte dort.

Monika Mai: Gut, also bis gleich!

Trennbare Verben

Aussage

Infinitiv		*Teil 1*	←— *Verb* —→	*Teil 2*
ein/laden	Frau Wild	**lädt**	Fräulein Lau	**ein.**
weg/gehen	Um sieben	**geht**	Frau Wild	**weg.**
an/fangen	Um acht	**fängt**	der Film	**an.**

W-Frage

Infinitiv		*Teil 1*	←— *Verb* —→	*Teil 2*
fern/sehen	Wie oft	**sehen**	Sie denn	**fern?**
vor/haben	Was	**haben**	Sie heute	**vor?**
an/kommen	Wann	**kommt**	der Bus	**an?**

Ja-Nein-Frage

Infinitiv	*Teil 1*	←— *Verb* —→	*Teil 2*
mit/gehen	**Gehst**	du ins Kino	**mit?**
heim/fahren	**Fahren**	Sie jetzt schon	**heim?**
an/rufen	**Rufst**	du Peter heute	**an?**

Imperativ

Infinitiv	*Teil 1*	←— *Verb* —→	*Teil 2*
mit/kommen	**Komm**	doch ins Theater	**mit!**
aus/gehen	**Gehen**	wir heute mal	**aus!**
zurück/fahren	**Fahr**	doch nach Hamburg	**zurück!**

Imperativ

Du – 2. Person Singular

Monika, gehst du schon?	**Bleib**		**doch**	noch!
. . . ich habe noch eine Karte.	**Komm**		**doch**	mit!
. . . ich bin um 7 am Theater.	**Wart e**		**bitte**	dort!

Ihr – 2. Person Plural

Dino und Monika,

. . . geht ihr schon?	**Bleib t**		**doch**	noch!
. . . ich habe noch zwei Karten.	**Komm t**		**doch**	mit!
. . . ich bin um 7 am Theater.	**Wart et**		**bitte**	dort!

Sie – 3. Person Plural

Herr Wild,

. . . gehen Sie schon?	**Bleib en**	**Sie**	**doch**	noch!
. . . ich habe noch eine Karte.	**Komm en**	**Sie**	**doch**	mit!
. . . ich bin um acht am Kino.	**Wart en**	**Sie**	**bitte**	dort!

Wir – 1. Person Plural

Es ist schon halb sieben.	**Ess en**	**wir**	**doch**		jetzt!
Wann fängt der Film an?	**Ruf en**	**wir**	**doch mal**		an!
Wir haben keine Zeit!	**Geh en**	**wir**	**doch**		jetzt!

Imperativ bei starken Verben

	essen	lesen	fahren	schlafen	sein
(du)	**iß**	**lies**	fahr	schlaf	**sei**
(ihr)	eßt	lest	fahrt	schlaft	**seid**
(Sie)	essen Sie	lesen Sie	fahren Sie	schlafen Sie	**seien** Sie

Partikeln beim Imperativ

bitte – doch – mal – doch mal

Kino- und Theaterprogramm

AZ: Stern der Woche   100%   tz-Rose

Was Eva Mattes hier leistet, ist höchsten Ruhmes wert. Man wird so etwas selten ein zweites Mal sehen.
Münchner Merkur

4. Woche

Céleste

EVA MATTES in einem Film von
PERCY ADLON
JÜRGEN ARNDT als Monsieur Proust

Fantasia
Schwanthalerstr. 3, Tel. 55 57 54
13.30, 16.00, 18.30, 21.00 Uhr

---

4. Woche
Schönes, großes, direktes Kino. tz

tz 100%

Eric Burdon in
COMEBACK

Ein Musikfilm von
Christel Buschmann
Julie Carmen
Michael Cavanaugh
FILMVERLAG DER AUTOREN

Eric Burdon erweist sich als grandioser Schauspieler von unglaublicher Präsenz.

LEOPOLD 2
Schwabing, Leopoldstraße 80
Telefon 34 74 41
13.30, 16.00, 18.30, 21.00 Uhr
Tgl. 23.00 „Das Leben des Brian"

---

11. Woche
Ein wahnsinniges Projekt, eine wahnsinnig schöne Geschichte. DIE ZEIT
Klaus Kinski in
Fitzcarraldo
Der Film von Werner Herzog

**KLAUS KINSKI
CLAUDIA CARDINALE**

Samstag/Sonntag 13.30 Uhr
HERBIE DREHT DURCH
Ein Film von Walt Disney

ABC
Schwabing, Herzogstraße 1
Telefon 33 23 00
16.00, 19.00, 22.00 Uhr

Theater-Programm

Staatstheater
Tageskasse: Mo.-Fr. 10 bis 12.20 und 15.30 bis 17.30 Uhr
Abendkasse 1 Std. vor Beginn der Vorstellung

Nationaltheater
Vorverkauf Maximilianstraße 11
Telefon 22 13 16
Die Zauberflöte
von Wolfgang Amadeus Mozart
Schneider, Everding, Rose
Böhme, Klarwein, Auer, Wilbrink,
Wagner, von Hauff, Baghfurian, Tölzer Knaben
Vorstellung für Theatergemeinde und Volksbühne
Anfang 19.00 Uhr - Ende 22.30 Uhr

Theater im Marstall
Tel. 225754
Vorverkauf im Residenztheater
Außereuropäische Musik '82
Gambia
Instrumentalisten, Vokalisten, Tänzer
Anfang 20 Uhr

**Münchner
Lach- und Schießgesellschaft**
Schwabg., Haimhaus./Ecke Ursulastr.
Telefon 39 19 97
Tgl. auß. So., 20.30 Uhr
wir werden weniger
mit Susanne Tremper, Rainer Basedow,
Jochen Busse, Bruno Jonas
Musik: Walter Kabel
Regie: Sammy Drechsel

Busfahrplan

Sendlinger Tor	18.32	19.12
Schwanthalerstr.	18.35	19.15
Karlsplatz	18.37	19.17
Maximilianstr.	18.41	19.21
Residenzstraße	18.42	19.22
Odeonsplatz	18.44	19.24
Universität	18.47	19.27
Leopoldstraße	18.50	19.30
Haimhauserstr.	18.54	19.34
Herzogstraße	18.56	19.36
Kaiserplatz	18.59	19.39

Partnerübungen

1 👥 Trennbares Verb vor/haben

Partner 1	Partner 2
Was haben *Sie heute abend* vor?	Ich *gehe ins Kino*.

Sie – heute abend	ins Kino gehen
du – morgen nachmittag	zu Hause lernen
Sie – am Sonntag	Briefe schreiben
ihr – am Donnerstag abend	fern/sehen
du – heute nachmittag	lesen
ihr – morgen vormittag	zur Uni fahren
Sie – am Samstag	zu Hause bleiben
Sie – am Dienstag abend	ins Theater gehen

2 👥 Trennbares Verb mit/kommen

Partner 1	Partner 2
Kommst *du* mit?	Wohin *gehst* du?
Nach Hause.	Ja, ich komme mit.

du – nach Hause gehen	ihr – zum Essen gehen	du – zur Uni fahren
Sie – ins Büro gehen	Sie – nach Hamburg fahren	ihr – ins Kino gehen

3 👥 Trennbares Verb an/fangen; Partikeln schon – erst, doch

Partner 1: *Der Unterricht* fängt um *acht* Uhr an.
Partner 2: Was? Schon um acht? Das stimmt nicht!
Partner 1: Doch, um acht.
Partner 2: Nein, er fängt erst um *neun* Uhr an.

der Unterricht	– 8 Uhr	– 9 Uhr	die Prüfung	– 14 Uhr	– 14.30
der Film	– 7 Uhr	– 8 Uhr	der Kongreß	– Dienstag	– Montag
das Stück	– 8 Uhr	– halb 8	die Vorlesung	– 10 Uhr	– 11 Uhr

4   Trennbare Verben; Uhrzeit

Sie rufen die Zug-Information an:

Partner 1: Bitte, um wieviel Uhr fährt ein Zug von Bonn nach *Heidelberg*?
Partner 2: Heute vormittag? Um *9.32* Uhr.
Partner 1: Und wann komme ich in Heidelberg an?
Partner 2: Um *12.16* Uhr.
Partner 1: Noch eine Frage: Ich fahre am Freitag nachmittag
            von Heidelberg zurück. Um wieviel Uhr fährt ein Zug?
Partner 2: Um *15.44* Uhr.
Partner 1: Vielen Dank! Auf Wiederhören!

Heidelberg	9.32	12.16	15.44
München	10.14	16.20	14.04
Hamburg	11.07	15.37	13.27
Essen	8.55	9.30	13.10
Wien	12.15	21.20	12.57

5   Imperativ

Partner 1: Gehen Sie morgen zum Essen mit?
Partner 2: Ich? Nein, ich gehe nicht mit.
Partner 1: Gehen Sie doch mit! Bitte!

Sie	– morgen	– zum Essen mitgehen
du	– am Samstag	– ins Kino mitkommen
ihr	– morgen	– nach Wien mitfahren
Sie	– am Samstag	– ins Büro mitkommen
du	– heute	– zur Vorlesung mitgehen
ihr	– bis sechs Uhr	– zu Hause warten

6 **Trennbare Verben im Imperativ**

Partner 1	Partner 2
Wann *gehen* wir denn *aus?*	Ich weiß nicht.
Komm! Gehen wir doch jetzt aus!	Nein, jetzt noch nicht.

ausgehen, anfangen, abfahren, zurückfahren, weggehen, heimfahren

7 **Gespräch über die Texte**

Wer geht ins Kino?	Wer geht ins Theater?
Wie heißt der Film?	Warum hat Monika wieder Zeit?
Was macht Herr Wild zu Hause?	Wie heißt das Stück?
Wann geht Frau Wild zu Hause weg?	Wann geht Monika zu Hause weg?
Wie lange fährt die U-Bahn?	Wie lange fährt der Bus?
Wann kommt Frau Wild am Kino an?	Wann kommt sie am Theater an?
Wann fängt der Film an?	Wann fängt das Stück an?
Wie lange dauert er?	Wie lange dauert es?
Wann fährt Frau Wild nach Hause?	Wann fährt Monika nach Hause?

Schriftliche Übungen

1 **Imperativ**

Monika,				Peter ruft an.
Herr Winter,	bitte	komm	doch!	Wir gehen ins Kino.
Dino und Monika,		kommt		Wir fahren nach Hause.
Herr und Frau Ito,		kommen Sie		Der Bus fährt ab!
Dino,				Wir kaufen Karten.
Fräulein Lau,				Wir gehen jetzt.
Peter und Inge,				Die Vorlesung beginnt.
Herr und Frau Wild,				Fräulein Lau wartet.

2  Kombination

Ich gehe	am	Universität
Kommt er	im	Bonn
Heute sind wir	ins	Hause
Wir fahren	nach	Kino
Sie wohnen	zu	Theater
Wartet ihr	zum	Mittagessen
	zur	Büro
	in	Japan
	aus	

Ausspracheübung

Konsonanten

ch	nicht – Tochter – Christa – acht – auch – nach – ich – euch – doch – Unterricht – Mittwoch – noch
chs – ck – k	sechs – Stück – zurück – Monika – Tokio – Kind
h	haben – zehn – gehen – verheiratet – Jahr – halb
g – ig	Tag – gehen – dreißig – Mittag – weg – sechzig – gern
ng – nk	Englisch – danke – Onkel – lange – Zeitung
s – ss – ß	sie – bist – sind – sechs – mittags – sagen – heißen – dreißig – Sohn – sehr – Sonntag
sch – sp – st	Stunde – Schwester – schlafen – Italienisch – spät – studieren – schreiben – Besprechung – stimmt – Samstag
t – th	Tag – Theater – Mittag – Thomas – Zeit
ts – tz	Wie geht's – jetzt – Übersetzer
v – w	Vater – Wien – wo – von – vier – verheiratet

Kontrollübung

Trennbare Verben

fern/sehen	Herr Wild _____ heute abend _____ .	sieht . . . fern
aus/gehen	Frau Wild _____ heute abend _____ .	geht . . . aus
an/rufen	Sie _____ Fräulein Lau _____ .	ruft . . . an
ein/laden	Sie _____ Fräulein Lau _____ .	lädt . . . ein
weg/gehen	Um sieben _____ sie zu Hause _____ .	geht . . . weg.
zurück/fahren	Um elf _____ sie wieder _____ .	fährt . . . zurück
an/kommen	Sie _____ um 23.25 Uhr _____ .	kommt . . . an
vor/haben	Dino _____ heute abend etwas _____ .	hat . . . vor
mit/kommen	Monika _____ gern ins Theater _____ .	kommt . . . mit
an/fangen	Um acht _____ das Theater _____ .	fängt . . . an
heim/fahren	Um Viertel vor elf _____ sie _____ .	fährt . . . heim

Artikel

Heute läuft _____ Film.	ein
_____ Film heißt „Ein Amerikaner in Paris".	Der
Monika hat heute abend _____ Zeit.	–
_____ Prüfung ist vorbei.	Die
_____ Freund von Monika und Dino kommt mit.	Ein
Sie kaufen noch _____ Karte.	eine
Morgen hat Dino _____ Unterricht.	–
_____ Unterricht fängt um zehn Uhr an.	Der
Nachmittags hat er _____ Vorlesungen.	–

Nomen im Plural

ein Kino	Zwei _____	Kinos
eine Karte	Zwei _____	Karten
eine Uhr	Zwei _____	Uhren
ein Büro	Zwei _____	Büros
ein Brief	Zwei _____	Briefe
ein Mann	Zwei _____	Männer
ein Bus	Zwei _____	Busse
ein Bruder	Zwei _____	Brüder
ein Sohn	Zwei _____	Söhne
ein Kind	Zwei _____	Kinder

Verben

fern/sehen
Herr Wild *sieht fern*.
aus/gehen
Frau Wild *geht aus*.
an/rufen
Dino *ruft* Monika *an*.
ein/laden
Er *lädt* sie *ein*.
weg/gehen
Um 7 *geht* er *weg*.
an/kommen
Wo *kommt* der Zug *an*?
an/fangen
Der Film *fängt an*.
zurück/fahren
Wann *fährt* er *zurück*?
vor/haben
Was *hat* er heute *vor*?
mit/kommen
Kommt Monika *mit*?
mit/gehen
Thomas *geht* nicht *mit*.
heim/fahren
Wann *fahren* sie *heim*?
ab/fahren
Der Zug *fährt ab*.

Sie *wartet* am Kino.
Heute *läuft* ein Film.

Nomen

r Film, –e
r Amerikaner, –
r Bus, –se
e U-Bahn, –en
e Karte, –n
e Frage, –n
s Kino, –s
s Theater, –
s Stück, –e
s Hotel, –s
Paris

Adjektiv

Der Film ist *toll*.

Fragewort

Warum gehen Sie nicht mit?

Pronomen

Er hat *etwas* vor.
Es ist ein Stück von Brecht.

Präpositionen

Dino wartet *am* Kino.
Das ist ein Stück *von* Brecht.

Partikeln

Dino wartet *dort*.
Er ist *noch nicht* im Büro.
DiePrüfung ist *vorbei*.
Kommen Sie *mal*!
Bleiben Sie *doch*!
Monika geht *gern* mit.
Kommt er nicht? *Doch*.
Deshalb ruft er an.

Wendungen

Prima.
Mach schnell!
Also, bis dann!
Also, bis gleich!

Reihe 6

Thema

Stellensuche · Berufswahl

Dialoge

A Ich möchte wieder arbeiten!
B Was willst du eigentlich werden?

Grammatik

Modalverben	wollen
	möchte
	können
	dürfen
	sollen
	müssen

Frau Wild ist tagsüber zu Hause.
Sie *muß* die Hausarbeit machen.
Ihr Mann ist im Büro,
und die Kinder gehen zur Schule.
Aber Frau Wild *will* nicht immer allein zu Hause sein.
Sie *möchte* wieder als Übersetzerin arbeiten.

Zur Zeit sucht „Translingua" Übersetzer.
Deshalb *möchte* Frau Wild dort mal fragen.
Vielleicht *kann* Frau Ito etwas für sie tun.
Frau Wild *möchte* nur Japanisch-Deutsch übersetzen,
denn sie *kann* Japanisch nur lesen, aber nicht gut sprechen.
Und sie hat noch einen Wunsch: sie *möchte* nur halbtags arbeiten.

Dino Botta *muß* jetzt noch nicht arbeiten.
Er *kann* ein Jahr in Bonn Deutsch lernen.
Dann *will* er nach Italien zurückfahren.
Dort *soll* Dino Lehrer werden.
Das *will* seine Freundin in Italien.
Aber Dino *möchte* nicht Lehrer werden.

Dino *kann* gut Gitarre spielen
und *möchte* gern Musiker werden.
Aber Musiker *darf* er nicht werden,
seine Eltern und seine Freundin *wollen* das nicht.
Sie sagen, er *soll* das nicht machen,
denn das ist ein Hobby und kein Beruf.

Ich möchte wieder arbeiten!

Frau Wild: Frau Ito, entschuldigen Sie, darf ich hereinkommen?
Frau Ito: Ah, Frau Wild! Ja, natürlich, kommen Sie!
            Nehmen Sie doch bitte Platz! – Möchten Sie etwas trinken?
Frau Wild: Nein, danke. Ich will nicht lang bleiben.
Frau Ito: Was kann ich für Sie tun, Frau Wild?
Frau Wild: Ich habe ein Problem: Ich möchte gern wieder arbeiten.
            „Translingua" sucht doch Mitarbeiter!
Frau Ito: Ja, das stimmt. Aber wollen Sie wirklich wieder arbeiten?
            Der Haushalt, zwei Kinder . . . Ist das nicht zu viel?
Frau Wild: Die Kinder und mein Mann sind tagsüber nicht zu Hause.
            Die Kinder gehen zur Schule, mein Mann ist im Büro . . .
            Wissen Sie, ich will nicht immer allein zu Hause sein.
Frau Ito: Das kann ich verstehen.
Frau Wild: Was für eine Stelle ist das? Muß ich Japanisch-Deutsch
            oder Deutsch-Japanisch übersetzen?
Frau Ito: Japanisch-Deutsch. Das können Sie sicher.
Frau Wild: Ja, das kann ich.
            Aber dolmetschen – das kann ich sicher nicht.
Frau Ito: Das macht nichts.
Frau Wild: Und noch eine Frage: Ich möchte gern nur vormittags
            arbeiten. Was meinen Sie? Ist das vielleicht möglich?
Frau Ito: Ja, manche Kolleginnen arbeiten nur halbtags.
            Soll ich mal fragen?
Frau Wild: Ja, bitte, fragen Sie mal!
Frau Ito: Ich rufe Sie dann an.
Frau Wild: Vielen Dank, Frau Ito!

Was willst du eigentlich werden?

Monika Mai: Sag mal, Dino, was willst du eigentlich werden?

Dino Botta: Das kann ich jetzt noch nicht sagen. Zur Zeit bin ich
hier und möchte wirklich gut Deutsch lernen.

Monika Mai: Und dann?

Dino Botta: Dann gehe ich nach Italien zurück.

Monika Mai: Aber du mußt doch dort arbeiten . . .

Dino Botta: Klar – ohne Geld kann ich nicht leben.

Monika Mai: Also, was willst du dann in Italien machen?

Dino Botta: Warum fragst du immer? Mußt du das unbedingt wissen?

Monika Mai: Ich darf doch fragen, oder?

Dino Botta: Na gut! Ich soll Lehrer werden.

Monika Mai: Du sollst Lehrer werden? Wer sagt das?

Dino Botta: Meine Freundin, die will das. Sie ist Lehrerin.

Monika Mai: Aha, deine Freundin . . . Entscheidet sie das?

Dino Botta: Nein, nein, natürlich ich.

Monika Mai: Und willst du denn wirklich Lehrer werden?

Dino Botta: Nein. Ein Lehrer muß immer befehlen,
und die Schüler müssen gehorchen.

Monika Mai: Ja, was willst du denn dann machen?

Dino Botta: Gitarre spielen.

Monika Mai: Was?! Du möchtest Musiker werden? Das ist ja prima!

Dino Botta: Prima? Das sagst du! –
Aber ich darf nicht Musiker werden.
Meine Freundin sagt, Musiker verdienen kein Geld.
Das ist kein Beruf, das ist ein Hobby.

Monika Mai: So so! Deine Freundin befiehlt, und du gehorchst . . .

Konjugation der Modalverben

		möchte	wollen
Singular	1. Person	Ich **möcht e** . . .	Ich **will** . . .
	2. Person	Du **möcht est** . . .	Du **will st** . . .
	3. Person	Er **möcht e** . . .	Er **will** . . .
Plural	1. Person	Wir **möcht en** . . .	Wir **woll en** . . .
	2. Person	Ihr **möcht et** . . .	Ihr **woll t** . . .
	3. Person	Sie **möcht en** . . .	Sie **woll en** . . .

		sollen	müssen
Singular	1. Person	Ich **soll** . . .	Ich **muß** . . .
	2. Person	Du **soll st** . . .	Du **muß t** . . .
	3. Person	Er **soll** . . .	Er **muß** . . .
Plural	1. Person	Wir **soll en** . . .	Wir **müss en** . . .
	2. Person	Ihr **soll t** . . .	Ihr **müß t** . . .
	3. Person	Sie **soll en** . . .	Sie **müss en** . . .

		können	dürfen
Singular	1. Person	Ich **kann** . . .	Ich **darf** . . .
	2. Person	Du **kann st** . . .	Du **darf st** . . .
	3. Person	Er **kann** . . .	Er **darf** . . .
Plural	1. Person	Wir **könn en** . . .	Wir **dürf en** . . .
	2. Person	Ihr **könn t** . . .	Ihr **dürf t** . . .
	3. Person	Sie **könn en** . . .	Sie **dürf en** . . .

Modalverb und trennbares Verb

Er **sieht**	abends	**fern.**	Ich **möchte**	auch	**fernsehen.**
Peter **geht**	gern	**mit.**	**Darf**	ich auch	**mitgehen?**
Ruf	mal Gerd	**an!**	Ich **kann**	jetzt nicht	**anrufen!**

Frage mit Modalverb

	Darf	ich etwas	**fragen**?	Ja, bitte!
Wann	**muß**	ich morgen	**arbeiten**?	Um zehn.
	Können	Sie um zehn	**kommen**?	Ja, ich habe Zeit.
Bis wann	**soll**	ich	**warten**?	Bis elf Uhr.
	Möchten	Sie etwas	**trinken**?	Nein, danke!
Wer	**will**	jetzt	**mitfahren**?	Ich.

Antwort mit Modalverb

Kommst du mit?	Nein,	ich **möchte**	**hierbleiben**.
Warum bleibst du hier?		Ich **muß**	**arbeiten**.
Sagen deine Eltern das?	Ja,	ich **soll**	**lernen**.
Komm doch mit!		Ich **kann** nicht	**mitkommen**.
Warum nicht?		Ich **darf** nicht	**ausgehen**.
Hast du eine Freundin?		Ich **will** keine	**haben**.

Nur Modalverb

Darf ich?	Bitte, nehmen Sie Platz!
Können Sie Deutsch?	Ja, aber noch nicht gut.
Wann **müssen** Sie nach Wien?	Ich muß nicht, ich möchte.
Wann **möchten** Sie nach Wien?	Ich fahre am Mittwoch.
Ich **will** auch nach Wien.	Sie fahren doch mit! Oder nicht?
Ich **soll** auch nach Wien?	Ja!

Stellensuche .

Stellenangebote

Wir suchen
zum sofortigen Eintritt
1 Bürokaufmann
Wir bieten: beste Bezahlung, Sozialleistungen u. gesicherten Arbeitsplatz. Rufen Sie uns an:
Autohaus Walter Huber GmbH,
Bodenseestraße 16—20
81241 München, ☎ 8347944

Taxifahrer/in
gesucht für neue Mercedes in Schwabing Nähe Mü.-Freiheit/U3, U6. Eig. 3-wöchige Vorbereitungskurse zur Taxischeinprüfung. Schneller Lernerfolg durch intensiven Unterricht u. modernes Kursmaterial. ☎399188

Stenotypistin/Sekretärin
mit Englisch, 4-5 Std. tägl.
ab sofort.
PROCURA Personalleasing
GmbH & Co. PPL ☎ 555204/05

Junger erfolgreicher Unternehmer sucht **haupt-od. zweitberufliche**
Mitarbeiter
Voraussetzung: Mittlere Reife od. qualifizierter Berufsabschluß. ☎
089/4302605

Maurer - Vorarbeiter
v. kl. Bauunternehmen, ☎089/1571990

KFZ-Mechaniker zur Aushilfe für Daimler Benz PKW ges. ☎663696

Stellengesuche

Ein Mann für alles (40 J.) su. Tätigkeit als
BUTLER oder Chauffeur
Berufserfahrung: Krankenpfleger/Koch/ Bäcker, Führerschein Kl. III; spreche: Deutsch/Englisch/Schwedisch. Zuschr. u. ✉ ZS5207360 an SZ

Junger Friseur
sucht neuen Wirkungskreis.
Ang. u. ✉ ZS5197043 an SZ

2 Studenten aus Polen suchen Arbeit
☎089/1571868 abends.

Sekretärin sucht Stelle Samstags od. abends. Ang. u. ✉ ZS5210590 an SZ

Konditor
(Raum Pfaffenhofen) sucht zum nächst mögl. Termin Stelle im Raum München. ☎08443/1200

Telefonistin su. z. 1.1.83 neue Aufgabe Gute Engl.-Kenntnisse. ✉ AS5207108

Junge Frau su. stundenw., od. halbtags Tätigkeit im Büro. ☎299549

Arabisch - Spanisch - Deutsch
Diplom-Übersetzerin (Deutsche, 25 J.), vielseitiges Background-Wissen, sucht Stelle bzw. freiberufl. Tätigkeit (alle Fachgebiete). Ang. u. ✉ ZS5203397 an SZ

Partnerübungen

1 🔲🔲 Die Modalverben wollen und möchte

Partner 1

wollen

_____ du heute ausgehen?

_____ Peter auch fernsehen?

Was _____ Sie heute machen?

_____ ihr jetzt ins Kino?

Ich _____ zur Uni. Und Monika?

_____ Monika jetzt lernen?

Partner 2

möchte

Nein, ich _____ fernsehen.

Nein, er _____ ausgehen.

Ich _____ noch arbeiten.

Nein, wir _____ jetzt essen.

Sie _____ hierbleiben.

Nein, sie _____ lesen.

2 🔲🔲 Die Modalverben können und müssen

Partner 1

können

_____ wir jetzt fahren?

Wie lange _____ du in Köln bleiben?

Bis wann _____ Sie bleiben?

_____ Herr Eck hier wohnen?

_____ ich jetzt gehen?

_____ ihr um sieben Uhr kommen?

Partner 2

müssen

Nein, wir _____ noch warten.

Ich _____ samstags zurück.

Ich _____ morgen weg.

Nein, er _____ ins Hotel.

Nein, du _____ hierbleiben.

Nein, wir _____ arbeiten.

3 🔲🔲 Die Modalverben dürfen und sollen

Partner 1

dürfen

_____ wir mitfahren?

_____ ich auch hierbleiben?

Und Peter? _____ er hierbleiben?

_____ du bis Sonntag bleiben?

Und ihr? Wie lange _____ ihr bleiben?

_____ die Kinder auch mitfahren?

Partner 2

sollen

Nein, ihr _____ hierbleiben.

Nein, du _____ mitfahren.

Nein, er _____ auch mitfahren.

Nein, ich _____ morgen zurück.

Wir _____ am Montag zurück.

Nein, sie _____ hierbleiben.

4   Höfliche Frage mit dürfen und können

Partner 1: Darf ich hereinkommen?

Partner 2: Ja, natürlich. Was kann ich für Sie tun?

Partner 1: Entschuldigen Sie, ich habe eine Frage:
Darf ich *morgen zu Hause bleiben*?

Partner 2: Natürlich können Sie morgen zu Hause bleiben Das ist kein Problem.	*oder*	Nein, morgen können Sie nicht zu Hause bleiben. Das ist leider nicht möglich.
Partner 1: Vielen Dank!		Warum nicht?

Ich bleibe morgen zu Hause.	Ich gehe heute vormittag weg.
Ich fahre am Freitag nach Köln.	Ich rufe hier an.
Ich bleibe zwei Tage hier.	Ich warte hier.

5   Modalverben

Partner 1	Partner 2
Fahr nach Hamburg mit!	Was soll ich?
Du sollst nach Hamburg mitfahren!	Warum denn? Wer sagt das?
Dein Vater.	Aber ich möchte nicht.
Du mußt. Dein Vater will das.	

Du sollst nach Hamburg mitfahren. Dein Vater will das.

Sie sollen noch bis morgen warten. Ihr Kollege will das.

Ihr sollt nach Hause gehen. Euer Freund will das.

Du sollst zu Hause anrufen. Deine Eltern wollen das.

Sie sollen ins Büro kommen. Ihre Kollegen wollen das.

Du sollst am Freitag zurückkommen. Dein Bruder will das.

6 👥 Gespräch über die Texte

Warum möchte Frau Wild wieder arbeiten?
Wo sucht sie eine Arbeit?
Was kann Frau Ito für sie tun?
Was für eine Stelle möchte sie haben?
Kann sie gut Japanisch?
Warum möchte sie nicht dolmetschen?
Wie lange kann sie tagsüber arbeiten?

Was möchte Dino Botta werden?
Was macht er in Bonn?
Was will er nachher tun?
Will er Lehrer werden?
Was macht er gern?
Was meint seine Freundin?
Was sagt Monika?

Schriftliche Übungen

1 🖋 Die Konjunktionen denn und deshalb

Beispiel
Doris bleibt zu Hause. Sie muß das Essen machen.
→ Doris bleibt zu Hause, denn sie muß das Essen machen.
→ Doris muß das Essen machen. Deshalb bleibt sie zu Hause.

Doris bleibt zu Hause. Sie muß das Essen machen.
Christa spricht gut Englisch. Sie ist Engländerin.
Christa lernt nachmittags zwei Stunden. Sie möchte die Prüfung gut machen.
Eva sucht eine Stelle. Sie will arbeiten und Geld verdienen.
Doris lädt ihre Freundinnen ein. Sie wollen Französisch lernen.
Eva darf nicht Gitarre spielen. Ihre Geschwister schlafen schon.

2 🖋 Die Wortstellung bei Modalverben

Beispiel
Von 14 Uhr 30 bis 16 Uhr muß ich dolmetschen.
Ich muß von 14 Uhr 30 bis 16 Uhr dolmetschen.

müssen	dolmetschen	14.30 bis 16.00 Uhr
wollen	lesen	zehn Uhr vormittags
möchte	essen	zwölf Uhr mittags
können	übersetzen	fünf Uhr bis sechs Uhr
	fernsehen	20.00 Uhr

3 ✎ Kombination

Thomas	du	bis sieben Uhr ⟶	bleiben
Ich	er	hier	fahren
Ihr	wir	ins Kino	gehen
Dürfen	kann	nach Hause	kommen
Möchte	muß	Englisch	lernen
Willst	sollt	nicht	warten

Ausspracheübungen

1 [👤] [📼] Wortakzent

Zwei Silben   mőch te – Háus halt – Ár beit – Stél le – Hób by – Pro blém – hálb-
tags – Ú-Bahn

Drei Silben   dól met schen – ent schéi den – Mú si ker – ge hór chen – be féh len
– ún be dingt – tágs ü ber – ver sté hen

Vier Silben   ü ber sét zen – he réin kom men – ent schúl di gen – Mít ar bei ter

Fünf Silben   A me ri ká ner

2 [👤] [📼] Satzakzent

Darf ich heréinkommen? – Möchten Sie etwas trínken?

Ich wíll nicht lang bleiben. – Was kánn ich für Sie tun?

Ich möchte gern wieder árbeiten? – Wollen Sie wírklich wieder arbeiten?

Ich wíll nicht immer allein zu Hause sein. – Das kann ich verstehen.

Kontrollübung

Modalverben in Ja-Nein-Frage

Ist das möglich? _____ Sie nach Bonn kommen?	Können
Haben Sie Zeit? _____ Sie morgen dolmetschen?	Können
Ist das Ihr Wunsch? _____ Sie hier arbeiten?	Wollen/Möchten
Wollen das seine Eltern? _____ er studieren?	Soll/Muß
Was sagen deine Eltern? _____ du wegfahren?	Darfst/Kannst/Sollst

Modalverben in Höflichkeitsfrage

_____ ich hereinkommen?	Darf/Kann
_____ ich fragen:	Darf
Was _____ ich für Sie tun?	kann

Modalverben im Aussagesatz

Er muß arbeiten. Er _____ nicht mitkommen.	kann/darf/will
Meine Frau wartet. Ich _____ jetzt nach Hause.	muß/möchte/will
Ihre Eltern wollen das. Sie _____ Ärztin werden.	soll/muß
Ich soll schlafen, aber Peter _____ fernsehen!	darf
Gerd will noch kommen. Wir _____ nicht weggehen.	können/sollen/dürfen
Es ist schon zehn. Ich _____ jetzt gehen.	muß/möchte

Nur Modalverben

_____ er Italienisch?	Kann
_____ du auch Italienisch?	Kannst
Wohin _____ du?	willst/möchtest/mußt
Sie muß nach Heidelberg. Aber sie _____ nicht.	will/möchte
Er möchte nicht ins Büro. Aber er _____ .	muß

Antworten mit Modalverben

Kommt er mit? – Nein, er _____ _____ . (wollen)	will nicht
Fahren Sie zurück? – Ja, ich _____ . (müssen)	muß
Geht Eva aus? – Nein, sie _____ _____ . (dürfen)	darf nicht
Fangt an! – Nein, wir _____ noch _____ . (können)	können – nicht

Verben

Dino *muß* jetzt nicht arbeiten.

Er *kann* in Bonn studieren.

Dino *möchte* Musiker werden.

Aber er *soll* Lehrer werden.

Er *darf* nicht Musiker werden.

Seine Freundin *will* das nicht.

Ich *frage* mal.

„Translingua" *sucht* Übersetzer.

Frau Wild kann *übersetzen*.

Sie kann nicht *dolmetschen*.

Dino *spielt* Gitarre.

Was *meinen* Sie?

Müssen Schüler *gehorchen*?

Was willst du *werden*?

Er *spricht* Japanisch.

Ich *verstehe* das gut.

Darf ich *hereinkommen*?

Möchten Sie etwas *trinken*?

Was kann ich für Sie *tun*?

Ich will das *wissen*!

Seine Freundin *entscheidet*.

Soll der Lehrer *befehlen*?

Wieviel *verdient* er?

Nomen

r Schüler, –

r Mitarbeiter, –

r Wunsch, ¨e

r Musiker, –

r Haushalt

e Hausarbeit, –en

e Arbeit

e Gitarre, –n

e Stelle, –n

s Hobby, Hobbies

s Problem, –e

s Geld

Fragewort

Was für eine Stelle ist das?

Artikelwort

Manche arbeiten nur halbtags.

Adjektive

Sie arbeitet *viel*.

Er spricht *wirklich* gut Deutsch.

Er bleibt nicht *lang*.

Das kannst du *sicher*.

Das ist *möglich*.

Ich möchte das *unbedingt* wissen.

Partikeln

Er ist *tagsüber* im Büro.

Sie arbeitet nur *halbtags*.

Er möchte *mal* fragen.

Sie arbeitet *zu* viel.

Das ist *ja* prima!

Das ist *leider* nicht möglich.

Aha, . . .

So so, . . .

Präpositionen

Sie arbeitet *als* Übersetzerin.

Ohne Geld kann ich nicht leben.

Zur Zeit ist er nicht in Tokio.

Konjunktion

Er ist nicht im Büro, *denn* er arbeitet heute nicht.

Wendungen

Entschuldigen Sie, . . .

Ja, natürlich.

Nehmen Sie Platz!

Was kann ich für Sie tun?

Das macht nichts.

Vielen Dank für . . .

Kommst du mit? – *Klar*!

Wissen Sie, . . .

Sag mal, . . . ?

. . . , oder?

Reihe 7

Thema

Einkauf

Dialoge

A Haben Sie noch einen Wunsch?
B Liebst du ihn?

Grammatik

Verben mit Akkusativobjekt	finden	
	kaufen	
	brauchen	
	bekommen	
	bestellen	
	. . .	

Artikelwörter	den	seinen
	einen	diesen
		keinen

Personalpronomen	mich	uns
	dich	euch
	ihn	

Monika fährt in die Stadt.
Sie will einkaufen und vielleicht jemanden *besuchen*.
Zuerst geht sie in ein Kaufhaus.
Dort möchte sie einen Pullover und eine Bluse *kaufen*.
Sie *probiert* einen Pullover. Er *kostet* 85 Mark.
Sie *kauft* den Pullover. Eine Bluse *findet* sie nicht.

Dann geht Monika in eine Buchhandlung.
Sie *braucht* ein Wörterbuch Deutsch-Italienisch.
Aber sie kann es nirgends *bekommen*.
Zur Zeit ist dieses Wörterbuch nicht da.
Die Verkäuferin *bestellt* es.
Monika soll es nächste Woche *abholen*.

Dino *lädt* heute abend Freunde *ein*.
Er will *kochen* und muß noch ein paar Sachen *einkaufen*.
Zuerst geht er in einen Supermarkt und *kauft* Lebensmittel:
ein Pfund Fleisch, zehn Eier, ein Kilo Reis und Gemüse.
Seine Freunde sollen die italienische Küche *kennenlernen*.
Er *braucht* auch Getränke: Bier, Wein und Saft.

Dino *kennt* seine Freunde gut:
Sie *hören* gern Lieder aus Italien.
Auch Dino *mag* Musik sehr gern.
Deshalb geht er in ein Geschäft und *kauft* Kassetten.
Er *kauft* auch Tanzmusik.
Vielleicht wollen sie heute abend tanzen.

Haben Sie noch einen Wunsch?

Verkäuferin:	Bitte schön?
Monika:	Ich suche einen Pullover.
Verkäuferin:	Die Pullover sind hier. – Welche Größe haben Sie?
Monika:	Größe 36.
Verkäuferin:	Welche Farbe möchten Sie?
Monika:	Rot. Vielleicht auch grün.
Verkäuferin:	Wie finden Sie diesen da? – Oder den da?
Monika:	Darf ich den mal probieren?
Verkäuferin:	Natürlich. –
Monika:	Ja, der paßt. Wieviel kostet er denn?
Verkäuferin:	85 Mark.
Monika:	Das ist aber teuer!
Verkäuferin:	Das stimmt, billig ist er nicht. Aber die Qualität ist auch sehr gut.
Monika:	Gut, dann nehme ich den.
Verkäuferin:	Haben Sie noch einen Wunsch?
Monika:	Ja, ich brauche auch noch eine Bluse.
Verkäuferin:	Wieviel soll sie ungefähr kosten?
Monika:	Vielleicht fünfzig Mark.
Verkäuferin:	Und welche Farbe?
Monika:	Weiß.
Verkäuferin:	Probieren Sie doch mal die! Das ist aber Größe 38.
Monika:	Die paßt leider nicht. Aber ich finde sie sehr schön.
Verkäuferin:	Kommen Sie doch nächste Woche noch einmal! Wir bekommen vielleicht noch Größe 36.
Monika:	Vielen Dank! – Wo soll ich den Pullover bezahlen?
Verkäuferin:	Dort ist die Kasse! Auf Wiedersehen!

Liebst du ihn?

Anna:	Grüß dich, Monika! – Was ist denn los?
Monika:	Nichts.
Anna:	Das stimmt nicht. Ich kenne dich doch . . .
Monika:	Ach, ich finde nirgends dieses Wörterbuch, keine Buchhandlung hat es.
Anna:	Was für ein Wörterbuch denn?
Monika:	Ein Wörterbuch Deutsch-Italienisch. Dino braucht es.
Anna:	So so, Dino braucht es! Du triffst ihn doch heute nachmittag wieder? Oder?
Monika:	Ja und?
Anna:	Du triffst ihn heute, du besuchst ihn am Sonntag, er ruft dich an, er lädt dich ein . . .
Monika:	Was geht dich das an? Das ist meine Sache.
Anna:	Ich will dich ja auch nicht ärgern. Aber du magst ihn doch gern, oder?
Monika:	Ja, ich mag ihn. Wir sind Freunde.
Anna:	Bist du vielleicht verliebt?
Monika:	Liebe . . . Was heißt denn Liebe? Dino und ich – das ist nur Freundschaft.
Anna:	Und Dino? Mag er dich, oder liebt er dich?
Monika:	Ach, laß mich doch in Ruhe! Du fragst und fragst . . . Dino mag mich auch, und deshalb sind wir oft zusammen. Aber er hat eine Freundin in Italien. Vielleicht heiratet er sie . . .
Anna:	Aha! Das ärgert dich!
Monika:	Schluß jetzt! Geh doch in dein Zimmer! . . .
Anna:	Nein, ich fahre in die Stadt. Ich kann ja mal in eine Buchhandlung gehen, vielleicht finde ich dieses Wörterbuch . . .

Verben mit Akkusativobjekt

Sache: **was?**			*Person:* **wen?**		
Ich	**kaufe**	etwas.	Ich	**besuche**	jemanden.
Ich	**bezahle**	etwas.	Ich	**kenne**	jemanden.
Ich	**brauche**	etwas.	Ich	**lerne**	jemanden **kennen.**
Ich	**nehme**	etwas.	Ich	**rufe**	jemanden **an.**
Ich	**bekomme**	etwas.	Ich	**hole**	jemanden **ab.**
Ich	**finde**	etwas.			

Fragewörter und Artikelwörter im Akkusativ

Was möchten Sie?

	maskulin	*feminin*	*neutrum*
Singular	**Den** Film.	**Die** Bluse.	**Das** Buch.
	Ein en Anzug.	**Ein e** Jacke.	**Ein** Hemd.
	Mein en Brief.	**Mein e** Uhr.	**Mein** Buch.
Welch- . . . ?			
	Welch en Film?	**Welch e** Bluse?	**Welch es** Buch?
	Den da.	**Die** dort.	**Das** da.
	Dies en hier.	**Dies e** hier.	**Dies es** da.
Wie viel e . . . ?			
	Ein en.	**Ein e.**	**Ein s.**
	Kein en.	**Kein e.**	**Kein s.**
Plural	**Welch e?**	**Welch e?**	**Welch e?**
	Die da.	**Die** da.	**Die** da.
	Dies e da.	**Dies e** da.	**Dies e** da.

Grammatik

Nomen mit Akkusativendung -n/-en

der Herr	Kennen Sie **den Herrn** dort?
der Student	Ich muß **einen Studenten** abholen.
der Kollege	Möchten Sie **meinen Kollegen** kennenlernen?

Personalpronomen im Akkusativ

Singular	Wann soll ich kommen?	Rufst du	**mich** an?
	Wo bist du?	Soll ich	**dich** abholen?
	Wo ist Dino?	Ich suche	**ihn**.
	Monika ist zu Hause.	Rufst du	**sie** an?
	Wo ist mein Buch?	Hast du	**es?**
Plural	Wir sind zu Hause.	Besucht	**uns** doch!
	Wann kommt ihr?	Ich hole	**euch** ab.
	Wo sind die Kinder?	Ich suche	**sie**.
	Kommen Sie, Herr Wild!	Ich lade	**Sie** ein.

Präposition in mit Akkusativ

Wohin geht Monika?	Zuerst geht sie	**in den**	Supermarkt,
	dann geht sie	**in die**	Buchhandlung,
	und dann	**ins**	Kaufhaus.
		(ins = in das)	

Einkauf

Lebensmittel im SUPERKAUF

Patna-Reis 500 Gramm	**1,29**	**Marmelade** 450 Gramm	**1,29**	**Vollmilch** 1 Liter	**–,98**
Spaghetti, italienisch 500 Gramm	**1,19**	**Salz** 500 Gramm	**–,29**	**Kondensmilch, 25 %** 170 Gramm	**–,49**
Weizenmehl 1 Kilo	**–,79**	**Kaffee, gemahlen** 500 Gramm	**8,49**	**Margarine** 250 Gramm	**1,19**
Zucker, fein 1 Kilo	**1,79**	**Schwarztee, indisch** 100 Gramm	**2,39**	**Orangenlimonade** 1 Liter	**–,89**
				Apfelsaft 1 Liter	**–,69**

Partnerübungen

1 Personalpronomen im Akkusativ ihn, sie, es

a. Partner 1

Ich kaufe das Buch.
Kaufen Sie es auch?

Partner 2

| Nein, Ja, | ich kaufe es | nicht. auch. |

Ich kaufe das Buch.
Ich mache diesen Kurs.
Ich bestelle diese Kassetten.
Ich treffe morgen Herrn Ott.
Ich mag diese Musik sehr gern.
Ich rufe unseren Kollegen an.

Ich besuche Herrn Winter.
Ich brauche dieses Wörterbuch.
Ich suche Monika.
Ich finde den Pullover teuer.
Ich lade Frau Maier ein.
Ich verstehe dieses Problem.

b. Partner 1

Ich kaufe das Buch. Kaufst du es auch? . . . .

2 Personalpronomen im Akkusativ dich, euch, Sie

Partner 1

Hast du Zeit? Kann ich _____ etwas fragen?
Wann habt ihr Zeit? Darf ich _____ besuchen?
Wie lange arbeiten Sie heute? Darf ich _____ nachher abholen?
Wollt ihr ins Kino mitgehen? Darf ich _____ einladen?
Bist du morgen zu Hause? Soll ich _____ anrufen?
Sind Sie am Samstag im Büro? Kann ich _____ dort treffen?

Partner 2

Ja, ich gehe nicht weg.

Oh ja, der Film ist sicher toll!

Ja, ich muß arbeiten.

Sicher. Komm doch herein!

Ich arbeite bis fünf, dann habe ich Zeit.

Komm doch morgen abend!

3 👥 Personalpronomen im Akkusativ

Partner 1: Kennen Sie meinen *Bruder?*
Partner 2: Nein, ich kenne ihn nicht.
Partner 1: Am Sonntag können Sie ihn kennenlernen. Ich lade Sie ein!
Partner 2: Vielen Dank, ich komme gern!

der Bruder	die Lehrerin	die Kinder	der Mitarbeiter
die Mutter	der Kollege	der Sohn	die Eltern
die Tochter	die Frau	die Familie	der Mann

4 👥 Fragewörter; Akkusativobjekt mit unbestimmtem Artikel

Partner 1   Partner 2
Was kauft Monika?   Einen Pullover.

Was Wen	kauft Monika?	Pullover
	probiert Monika?	Freund
	sucht Monika?	Getränke
	bestellt Monika?	Wörterbuch
	lädt Dino ein?	Lebensmittel
	kauft Dino?	Kollege
	braucht Dino?	Bluse
	ruft Dino an?	Kassetten

5 👥 💿 Fragewörter und Artikelwörter im Akkusativ

Partner 1   Partner 2

Hier sind *Wörterbücher*. Welches möchten Sie?   Dieses / Das   da.

das Wörterbuch	die Kassette	die Gitarre	der Fahrplan
der Pullover	der Film	die Zeitung	die Uhr
die Bluse	die Karte		

Übungen

6 👥 Artikelwörter ohne Nomen

Partner 1

Du brauchst doch einen *Mantel*, oder?
Sollen wir hier einen kaufen?

Partner 2

Nein, ich brauche keinen.

| der Mantel | die Jacke | die Bluse | der Anzug | . . . . |
| der Schal | die Hose | der Rock | das Hemd | |

7 👥 Einkauf ⟶ Information 7

Partner 1 ist Verkäufer

Bitte schön?
Hier sind _____ . Welche Größe _____ ?
Welche Farbe _____ ?
Wie finden Sie _____ ?
_____ .
_____ .

Partner 2 ist Käufer

Ich suche _____ .
_____ .
_____ .
_____ probieren?
_____ paßt. _____ kostet _____ ?
_____ nehme _____ .

8 👥 Gespräch über die Texte

Kaufhaus

Was möchte Monika kaufen?
Welche Farbe will sie?
Welche Größe hat Monika?
Wieviel kostet der Pullover?
Kauft sie ihn?
Wieviel darf die Bluse ungefähr kosten?
Welche Farbe will Monika?
Warum kauft sie keine Bluse?

Buchhandlung

Was möchte Monika kaufen?
Warum bekommt sie das Buch nicht?

Zu Hause

Wie geht es Monika?
Was sagt ihre Freundin?
Ist Monika verliebt?
Liebt Dino Monika?
Was kauft Dino ein? Warum?

Schriftliche Übung

Verben mit Akkusativobjekt

Was macht Familie Schmidt heute nachmittag?
Schreiben Sie eine Geschichte!

Herr Schmidt	Bus nehmen – Kollegen treffen – Wein trinken – Zeitung lesen
Frau Schmidt	Geld holen – Getränke kaufen – Essen kochen – Frau Berger anrufen
Lisa Schmidt	Mantel probieren – Karte kaufen – Kassette bestellen – Freundin abholen
Kurt Schmidt	Freund besuchen – Bild malen – Malkurs besuchen – Brief schreiben.

Ausspracheübungen

1 ▭ 🔊 Wortakzent

Zwei Silben	ver líebt – Fréund schaft – Káuf haus – Ge tránk – Ge scháft – Zím-mer – nír gends
Drei Silben	pro bíe ren – be kóm men – be stél len – áb ho len – be sú chen – heí ra ten – Kas sét te – Búch hand lung – Qua li tát – Wór ter buch Ge mú se – Pul ló ver – Sú per markt – ún ge fähr – zu sám men
Vier Silben	kén nen ler nen – Lé bens mit tel

2 ▭ 🔊 Satzakzent und Intonation

Bítte schön?	Ja únd?	Was geht dich das án?
Was ist denn lós?	Grüß dich!	Ménsch, laß mich in Rúhe!
Das ist meíne Sache.	Schlúß jetzt!	Was kann ich für Sie tún?

📖 Kontrollübung

Personalpronomen sie, Sie, uns, euch, ihn, mich

Er spricht Japanisch. Ich verstehe _____ nicht.	ihn
Ich spreche Deutsch. Er versteht _____ nicht.	mich
Ihr sprecht Italienisch. Wir verstehen _____ nicht.	euch
Wir sprechen Deutsch. Ihr versteht _____ nicht.	uns
Das ist Monika. Ich lade _____ ein.	sie
Da sind Peter und Gerd. Wir laden _____ ein.	sie
Herr Merk, wir möchten _____ auch einladen!	Sie

Fragewörter Wer? Was? Wen? Welche?

_____ müssen wir noch anrufen?	Wen
_____ müssen wir noch einkaufen?	Was
_____ Getränke brauchen wir noch?	Welche
_____ kommt heute abend?	Wer
_____ sollen wir trinken?	Was

Nomen im Akkusativ

Ruf doch mal Herr__ Boller an!	–n
Frag doch mal Frau__ Boller!	–
Treffen wir morgen den Student__ ?	–en
Suchen Sie doch mal Ihren Kollege__ !	–n
Morgen brauchen wir einen Dolmetscher__ .	–

Artikelwörter mit Nomen

A: Fräulein Ziegler, haben Sie _____ Fahrplan?	einen
Ich suche _____ Zug nach Hamburg.	einen
B: Nehmen Sie doch _____ Zug um 12 Uhr 15!	den
A: Nein, _____ Zug kann ich nicht nehmen.	diesen
Bis halb eins habe ich _____ Besprechung.	eine
B: Ich weiß, Sie haben wieder _____ Zeit.	keine
A: Ja, leider! Rufen Sie doch bitte _____ Sohn an!	meinen
Er soll _____ Schwester im Büro abholen.	seine

Verben

Sie *kauft* ein Buch.
Er *probiert* die Hose.
Sie *nimmt* die Bluse.
Sie *kostet* 85 Mark.
Ich *finde* das teuer.
Er *findet* kein Hemd.
Wo muß ich *bezahlen*?
Sie *braucht* ein Buch.
Sie *bekommt* es nicht.
Sie *bestellt* das Buch.
Sie muß es *ab/holen*.
Er will uns *besuchen*.
Ich will ihn
kennen/lernen.
Ich *kenne* ihn nicht.
Er *kocht* das Essen.
Dino *hört* gern Musik.
Ich *mag* ihn gern.
Sie *trifft* ihn heute.
Ich will dich nicht
ärgern.
Liebt er dich?
Er *heiratet* sie.
Er *kauft ein*.
Tanzen wir heute?
Der Pullover *paßt*.

Nomen

s Kaufhaus, ¨-er
r Pullover, –
e Bluse, –n
e Farbe, –n
e Größe, –n
e Qualität
e Buchhandlung, –en

s Wort, ¨-er
s Wörterbuch, ¨-er
s Buch, ¨-er
e Kasse, –n
e Mark
r Supermarkt, ¨-e
r Wein
r Saft, ¨-e
e Lebensmittel *(Pl.)*
s Fleisch
s Ei, –er
s Gemüse
r Reis
s Pfund
s Kilo
e Küche, –n
s Getränk, –e
s Bier
s Geschäft, –e
e Musik
s Lied, –er
e Kassette, –n
e Sache, –n
e Stadt, ¨-e
e Woche, –n
e Freundschaft, –en
e Liebe
s Zimmer, –

Fragewörter

Wen suchen Sie?
Welche Farbe wollen
Sie?

Pronomen

Sie fragt *jemanden*.
Ich tue heute *nichts*.

Artikelwörter

Er kauft *ein paar*
Sachen.
Ich kenne *diese* Frau.

Adjektive

rot – grün – weiß
Das ist nicht *billig*.
Die Bluse ist *schön*,
aber sie ist *teuer*.
Komm *nächste* Woche!
Bist du *verliebt*?

Partikeln

Er ist *nirgends*.
Er ist nicht *da*.
Ich nehme den *da*.
Wieviel kostet das
ungefähr?
Die Bluse paßt *leider*
nicht.
Kommen Sie morgen
noch einmal!
Ich treffe ihn *oft*.
Wir sind oft *zusammen*.

Wendungen

Bitte schön?
Grüß dich!
Was ist denn los?
Was geht dich das an?
Das ist meine Sache!
Was heißt denn Liebe?
Laß mich in Ruhe!
Schluß jetzt!
Ja und?

Reihe 8

Thema

Geschenke · Auf der Post

Dialoge

A Was fehlt dir denn?
B Helfen Sie mir doch!

Grammatik

Verben mit Dativobjekt	danken	gefallen
	helfen	gehören
	gratulieren	
	. . .	es geht ihm gut

Verben mit Dativ- und	schicken
Akkusativobjekt	leihen
	geben

Artikelwörter	dem Freund	einem Freund
	der Freundin	einer Freundin
	den Freunden	

Personalpronomen	mir	uns
	dir	euch
	ihm	ihnen
	ihr	Ihnen

Herr Wild *telegrafiert* seiner Schwester.
Sie hat am 14. Dezember Geburtstag.
Er *gratuliert* ihr und *wünscht* ihr alles Gute.
Ein Geschenk möchte er ihr auch *schicken*.
Er sucht lange und findet schließlich etwas: eine Jacke.
Sie *gefällt* ihm sehr gut.

Auch Martin braucht ein Geschenk.
Er geht *zu* einer Einladung *bei* einer Kollegin
und möchte ihr etwas *mitbringen*:
Süßigkeiten oder eine Flasche Wein.
Da sieht er ein Blumengeschäft,
und er *kauft* ihr Blumen.

In zwei Wochen ist Weihnachten.
Alle Leute kaufen Geschenke für Verwandte und Freunde.
Monika geht *mit* ihrer Freundin in ein paar Geschäfte.
Sie möchte ihren Eltern und ihren Brüdern etwas *schenken*.
Für Dino weiß sie schon ein Geschenk:
Sie möchte ihm eine Schallplatte *schenken*.

Dino bekommt *von* einem Freund einen Brief.
Er *schreibt* ihm aus Italien:
Er heiratet im Januar, und Dino soll *zur* Hochzeit kommen.
Leider hat Dino keine Zeit.
Aber er *schickt* ihm ein Geschenk: ein Fotoalbum.
Hoffentlich *gefällt* es ihm.

Was fehlt dir denn?

Sabine:	Hallo, Doris, störe ich dich?
Doris:	Ah, Sabine! Nein, nein, du störst nicht. Komm doch herein!
Sabine:	Was? Du bist im Bett! Bist du krank?
Doris:	Es ist nicht schlimm.
Sabine:	Was fehlt dir denn?
Doris:	Ach, ich habe eine Grippe – Kopfweh und Schnupfen.
Sabine:	Kannst du denn dann zum Kongreß nach Tokio? Der ist doch Ende Dezember, oder?
Doris:	Ja, ja, hoffentlich bin ich bis dann wieder gesund. Sonst erlaubt mir der Arzt die Reise nicht.
Sabine:	Sag mal, was hast du denn hier für eine Jacke?
Doris:	Die ist aus Japan. Ein Geschenk von Thomas.
Sabine:	Wirklich sehr schön! – Oh je, da fällt mir gerade ein: hast du nicht jetzt im Dezember Geburtstag?
Doris:	Ja, stimmt, am vierzehnten.
Sabine:	Am vierzehnten? Aber der vierzehnte ist doch heute!
Doris:	Ja, du kannst mir gratulieren.
Sabine:	Wirklich? Herzlichen Glückwunsch! Und ich wünsche dir gute Besserung! Tut mir leid, ich komme ohne Geschenk . . .
Doris:	Das macht nichts. Du sollst mir doch nichts schenken! Aber du kannst mir einen Gefallen tun . . .
Sabine:	Ja? Gern.
Doris:	Ich schreibe Thomas gerade einen Brief und schicke ihm ein Päckchen – in zehn Tagen ist Weihnachten.
Sabine:	Ja, sicher. Gib mir den Brief und das Päckchen! Ich muß sowieso zur Post. – Wie geht's deinem Bruder eigentlich? Gefällt es ihm in Japan?
Doris:	Ja, sehr gut. Er will noch zwei Jahre bleiben. Im März macht er vier Wochen Urlaub, dann besucht er uns.
Sabine:	Und in vierzehn Tagen besuchst du ihn in Tokio. Hoffentlich kannst du fahren! Ich halte dir die Daumen . . .

Helfen Sie mir doch!

Beamter:	Bitte?
Sabine:	Ein Päckchen nach Japan, ein Paket nach Italien, ein Päckchen nach Leipzig . . .
Beamter:	Langsam, langsam. Alles der Reihe nach.
Sabine:	Gut, hier das Päckchen nach Japan. Es sind zwei Bücher.
Beamter:	Bücher? Solche Päckchen dürfen Sie aber nicht zumachen!
Sabine:	Na gut, dann mache ich es eben wieder auf. Können Sie mir bitte eine Schere leihen?
Beamter:	Eigentlich nicht. Aber na ja . . . Aber geben Sie sie mir gleich zurück!
Sabine:	Sicher. Ich verspreche es Ihnen.
Beamter:	Wem gehört das Paket hier?
Sabine:	Auch mir. Es soll nach Italien.
Beamter:	So geht das aber nicht! Das ist doch ein Paket, das müssen Sie zumachen!
Sabine:	Ja, wie denn?
Beamter:	Also hören Sie mal . . .! – Na gut, da haben Sie eine Schnur!
Sabine:	Ich danke Ihnen. – Sie, ich kann das aber nicht! Bitte helfen Sie mir doch!
Beamter:	Jetzt reicht's aber langsam! Die Leute warten doch! – Gehört das Paket da auch Ihnen?
Sabine:	Ja, das soll nach Leipzig. Ein Weihnachtsgeschenk. Ich schicke es meiner Tante dort . . .
Beamter:	Da fehlt die Adresse, und den Absender kann ich nicht lesen.
Sabine:	Wirklich? Dann geben Sie mir mal Ihren Kugelschreiber! – Was? Schon fünf Uhr? Warum brauche ich hier immer so lang?!
Beamter:	Der nächste bitte . . .

Verben mit Dativobjekt

Ich **helfe**	jemandem.	Etwas **gefällt**	jemandem.
Ich **danke**	jemandem.	Etwas **gehört**	jemandem.
Ich **gratuliere**	jemandem.	Etwas **fällt**	jemandem **ein**.
Ich **telegrafiere**	jemandem.	Etwas **tut**	jemandem **leid**.

Verben mit Dativobjekt und Akkusativobjekt

Ich **gebe**	jemandem etwas.	Ich **sage**	jemandem etwas.
Ich **bringe**	jemandem etwas.	Ich **schreibe**	jemandem etwas.
Ich **leihe**	jemandem etwas.	Ich **wünsche**	jemandem etwas.
Ich **schenke**	jemandem etwas.	Ich **verspreche**	jemandem etwas.
Ich **schicke**	jemandem etwas.	Ich **erlaube**	jemandem etwas.

Fragewörter und Artikelwörter im Dativ

Wem gehören die Bücher?

	maskulin	*feminin*	*neutrum*
Singular	**Dem** Herrn.	**Der** Frau.	**Dem** Kind.
	Ein em Freund.	**Ein er** Freundin.	**Ein em** Kind.
	Mein em Sohn.	**Mein er** Tochter.	**Mein em** Kind.
Welch- . . . ?			
	Welch em Herrn?	**Welch er** Frau?	**Welch em** Kind?
	Dem da.	**Der** da.	**Dem** da.
	Dies em hier.	**Dies er** hier.	**Dies em** hier.
Plural	**Den** Herren.	**Den** Frauen.	**Den** Kindern.
	Welch en ?	**Welch en** ?	**Welch en** ?
	Den en da.	**Den en** da.	**Den en** da.
	Dies en hier.	**Dies en** da.	**Dies en** hier.

Nomen mit Dativendung -n/-en

der Herr	Geben Sie **dem Herrn** dort den Brief!
der Student	Ich schenke das Buch **einem Studenten**.
der Kollege	Sagen Sie das doch **meinem Kollegen**!

Im Dativ Plural haben Nomen die Endung -n/-en (*nicht* Kinos, Fotos . . .)

Personalpronomen im Dativ

Singular	Er sucht	mich.	Hilft er	**mir**?
	Er sucht	dich.	Hilft er	**dir**?
	Er sucht	ihn.	Hilft er	**ihm**?
	Er sucht	sie.	Hilft er	**ihr**?
	Er sucht	es.	Hilft er	**ihm**?
Plural	Er sucht	uns.	Hilft er	**uns**?
	Er sucht	euch.	Hilft er	**euch**?
	Er sucht	sie.	Hilft er	**ihnen**?
	Er sucht	Sie.	Hilft er	**Ihnen**?

Wortstellung bei zwei Personalpronomen

                                                  Akk.Dat.

Das Buch gefällt mir.   – Ich gebe   **es** **dir.**
Den Pullover brauche ich nicht. – Schenkst du **ihn** **mir**?

Präpositionen mit Dativ

aus	Ich komme auch **aus dieser Stadt**.	**Kurzformen**
bei	Ich wohne noch **bei meinen Eltern**.	*maskulin und*
mit	Ich arbeite **mit zwei Kollegen**.	*neutrum*
nach	**Nach der Arbeit** gehe ich oft ins Kino.	beim = bei dem
seit	**Seit einem Jahr** lerne ich Deutsch.	vom = von dem
von	Dieses Buch ist **von meinem Lehrer**.	zum = zu dem
zu	Ich gehe jetzt **zum Unterricht**.	*feminin*
		zur = zu der

Auf der Post

Partnerübungen

1 Personalpronomen im Dativ dir, Ihnen, mir

Partner 1

Guten Tag, *Monika*!

Wie geht es dir?

Mir geht es auch gut.

Monika, Dino, Frau Wild . . .

Partner 2

Danke, es geht mir *sehr gut*.
Und dir?

sehr gut, ausgezeichnet, prima, gut

2 Personalpronomen im Dativ und Akkusativ

Partner 1

Ist *Herr Wild* schon zurück?

Wie geht's ihm denn?

Wann kann ich ihn treffen?

Partner 2

Ja, er ist zurück.

Es geht ihm gut.

Am Donnerstag.

| Frau Wild | Martin | du | Ihre Kollegen |
| Sie | Monika | ihr | Fräulein Lau |

3 Demonstrativpronomen und Possessivpronomen im Dativ

Partner 1

Wie geht's *Monika*?

Und ihrem *Bruder*?

Partner 2

Der geht's prima.

Dem geht's auch gut.

Monika – Bruder	Herr Wild – Frau	Monika und Gerd – Eltern
Frau Wild – Mann	Peter – Freundin	Fräulein Lau – Schwester
Dino – Geschwister	dir – Eltern	Herr und Frau Ito – Kinder

4   **Dativobjekt**

Partner 1	Partner 2
Ist das *sein Buch*?	Nein, das gehört nicht ihm.
Wem gehört es denn?	Seiner *Schwester*.

sein Buch – Schwester	eure Fotos – Kollegen	sein Hemd – . . .
dein Mantel – Freund	Ihr Geld – Frau	Ihre Gitarre – . . .
Ihre Uhr – Bruder	deine Blumen – . . .	deine Kassetten – . . .

5   **Fragewörter** Wer? Wen? Wem?

Partner 1	Partner 2
Wem hilft er?	Seinem Bruder.

Er hilft seinem Bruder.	Sie will Herrn Maier gratulieren.
Das ist meine Freundin.	Er muß seinem Kollegen telegrafieren.
Ich möchte Monika einladen.	Dino möchte seine Familie besuchen.
Das sind meine Freunde.	Monika schreibt ihren Eltern.

6   **Das Verb** gefallen

Partner 1: Gefällt Ihnen *die Kassette*?
Partner 2: Ja, sie gefällt mir gut. Und wie gefällt sie Ihnen?
Partner 1: Mir gefällt sie auch. Aber *meinem Mann* gefällt sie nicht.

Kassette – mein Mann	Musik – Fräulein Lau
Theaterstück – meine Freundin	Mantel – die Schwester von Dino
Stadt – meine Frau	Geschenke – Herr und Frau Wild
Film – unsere Kinder	Unterricht – Monika

7 👥 Personalpronomen im Akkusativ und Dativ

Partner 1: Du, deine *Bilder* gefallen meinem *Bruder* gut.
          Er hat eine Frage: Kannst du sie ihm leihen?
Partner 2: Gern, aber er muß sie mir am Montag zurückgeben.
Partner 1: Ja, ja, ich sage es ihm.

Bilder – Bruder	Gitarre – Freundin	Schallplatten – Eltern
Kassette – Frau	Kochbuch – Kollege	

8 👥 Ordinalzahlen

Partner 1	Partner 2
Wann hast du Geburtstag?	Im *Januar*.
Am wievielten?	Am *ersten*.

die Monate	der Januar	der April	der Juli	der Oktober
	der Februar	der Mai	der August	der November
	der März	der Juni	der September	der Dezember

am wievielten?	am ersten	am zwanzigsten
	am zweiten	am einundzwanzigsten
	am dritten	am zweiundzwanzigsten
	am vierten	am dreiundzwanzigsten
	am fünften	am . . .

9 👥 Gespräch über die Texte

Wem telegrafiert Herr Wild?
Warum telegrafiert er?
Was schickt er ihr?
Wohin geht Martin?
Wem möchte er etwas mitbringen?
Was bekommt Dino von Monika?
Wer schickt ihm einen Brief?
Warum soll er nach Italien?
Was macht er?

Was fehlt Doris?
Wohin soll sie fahren?
Was wünscht ihr Sabine?
Warum gratuliert sie ihr?
Was tut ihr leid?
Von wem ist die Jacke?
Was bekommt Thomas von Doris?
Wie geht es ihm?
Welche Bitte hat Doris?

Schriftliche Übungen

1   Wortstellung der Personalpronomen

Beispiel

Ich möchte meinem Kollegen das Buch geben.
→ Ich möchte ihm das Buch geben.
→ Ich möchte es meinem Kollegen geben.
→ Ich möchte es ihm geben.

Schenkst du seinen Freunden die Fotos?
Sie muß Peter die Bücher zurückgeben.
Monika schickt ihrer Freundin die Karten.
Martin leiht Peter das Wörterbuch.
Soll ich meinen Kollegen das Geld mitbringen?
Wir schicken unseren Eltern die Bilder.
Darf er dem Kind die Uhr geben?
Bring deiner Schwester den Mantel mit!
Wann kann Dino Monika die Gitarre leihen?

2   Dativobjekt oder Akkusativobjekt?

A: Oh, Herr Welz, drei Pakete . . . Kann ich _____ helfen?
B: Ich danke _____ . Wissen Sie, ich bringe _____ Pakete zur Post.
    Ich schicke _____ Verwandten ein paar Geschenke.
    Sie sollen _____ an Weihnachten haben.
A: Wie geht es denn _____ Sohn? Ist er noch in Bremen?
B: Ja, ich fahre morgen zu _____ . Er holt _____ ab.
A: Und wie geht es _____ Tochter? Ist sie wieder gesund?
B: Danke, es geht _____ wieder gut. Sie sucht jetzt _____ Stelle als Verkäuferin.
    – Und wie geht es _____ Vater?
A: Er schreibt, es geht _____ gut. Ich soll _____ besuchen.
B: Ja, besuchen Sie _____ doch!
A: Vielleicht. – Herr Welz, ich wünsche _____ frohe Weihnachten!

📖 Kontrollübung

Akkusativ oder Dativ?

Mein Sohn kommt morgen. Ich hole _____ ab.	ihn
Es geht _____ gut.	ihm
Er möchte hier ein__ Kollege__ treffen.	–en –n
Ich schreibe sein__ Kollege__ gerade einen Brief.	–em –n
Leider kenne ich _____ nicht.	ihn
Dieser Kollege hilft mein__ Sohn oft.	–em
Deshalb mag er _____ auch.	ihn
Hoffentlich bekommt er _____ Brief schon morgen.	den/diesen
Er muß mein__ Sohn einige Sachen mitbringen.	–em
Vielleicht rufe ich _____ auch noch an.	ihn
Es geht sein__ Frau und _____ Kindern nicht gut.	–er – den
Ich schicke _____ Süßigkeiten.	ihnen
Der Arzt erlaubt _____ die Reise nicht.	ihnen

Meine Tochter kommt morgen. Ich hole _____ ab.	sie
Es geht _____ gut.	ihr
Sie möchte hier ihr__ Kollegin__ treffen.	–e –
Ich schreibe ihr__ Kollegin__ gerade einen Brief.	–er –
Leider kenne ich _____ nicht.	sie
Diese Kollegin hilft mein__ Tochter oft.	–er
Vielleicht rufe ich _____ auch noch an.	sie
Ihr__ Mann und ihr__ Kinder__ geht es nicht gut.	–em –en –n
Ich schicke _____ Süßigkeiten.	ihnen

Präpositionen mit Dativ in, zu, bei, mit, von, nach

Um zwei Uhr gehe ich _____ _____ Freund.	zu meinem
Um drei Uhr bin ich _____ Büro.	im
Um fünf Uhr gehe ich _____ Post.	zur
und dann _____ Essen.	zum
Abends gehe ich _____ Monika _____ Theater.	mit – ins
Monika wohnt _____ _____ Eltern.	bei ihren
Die Karten haben wir _____ _____ Freundin.	von ihrer/meiner
_____ _____ Theater fahren wir nach Hause.	Nach dem

115

Verben

Er *telegrafiert* ihr.
Er *gratuliert* ihr.
Er *wünscht* ihr alles Gute.
Er *schickt* ihr eine Jacke.
Die Jacke *gefällt* ihm.
Er *bringt* ihr Blumen *mit*.
Sie *schenkt* ihm eine Schallplatte.
Da *fehlt* die Adresse.
Der Arzt *erlaubt* mir die Reise.
Das *fällt* mir gerade *ein*.
Können Sie mir *helfen?*
Ich *gebe* dir die Sachen *mit*.
Leihst du mir eine Schere?
Gib sie mir *zurück!*
Ich *verspreche* es dir.
Das Paket *gehört* mir.
Ich *danke* Ihnen.
Er *sieht* ein Geschäft.
Störe ich dich?
Mach das Paket *zu!*
Mach es wieder *auf!*

Nomen

r Geburtstag, –e
s Geschenk, –e
s Paket, –e
s Päckchen, –
e Schere, –n
e Schnur, ¨e
e Adresse, –n
r Absender, –
e Post
s Weihnachten
r Verwandte, –n
e Reise, –n
r Urlaub
r Beamte, –n
e Einladung, –en
e Süßigkeit, –en
e Flasche, –n
e Schallplatte, –n
r Kugelschreiber, –
e Jacke, –n
s Fotoalbum, –alben
e Blume, –n
s Bett, –en
e Grippe
r Schnupfen
s Kopfweh
e Hochzeit
e Leute (*Plural*)
s Ende

Adjektive

Bist du *krank?*
Es ist nicht *schlimm*.
Er ist wieder *gesund*.
Bitte sprich *langsam!*

Artikelwörter

Alle Leute kaufen Geschenke.
Solche Musik gefällt mir.

Präpositionen

In einer Woche ist Weihnachten.
Sie geht *mit* ihrer Freundin weg.
Seit einer Woche ist sie bei uns.

Partikeln

Schließlich kauft er Blumen.
Hoffentlich kommt er.
Ich arbeite *gerade*.
Kommen Sie *gleich!*
Sonst gehe ich allein.
Ich muß *sowieso* weg.
So geht das nicht!
Dann bleibe ich *eben* zu Hause.

Wendungen

Es geht mir gut.
Herzlichen Glückwunsch und alles Gute!
Was fehlt dir denn?
Das tut mir leid.
Ich wünsche dir gute Besserung!
Tu mir bitte einen Gefallen!
Haltet mir die Daumen!
Alles der Reihe nach!
Jetzt reicht's aber langsam!
Der nächste bitte!
Also hören Sie mal!

Reihe 9

Thema

Auskunft · Fest

Dialoge

A   Wie komme ich zum Bahnhof?
B   Geh doch mal rüber zu Peter!

Grammatik

Ort	wo?	in der Türkei	sein
		am Bahnhof	wohnen
		vor dem Geschäft	arbeiten
		bei einem Freund	bleiben
		dort	hängen
		unten	stehen
		oben	
		neben der Wohnung	

Richtung	wohin?	in die Türkei	kommen
		nach Italien	gehen
		zum Bahnhof	fahren
		vor das Geschäft	legen
		zu einem Freund	hängen
		dorthin	stellen
		runter	
		rauf	
		neben die Wohnung	
	woher?	aus dem Büro	
		vom Geschäft	

Ismet Tosun kommt *aus der Türkei, aus Ankara*.
Er arbeitet *in der Bundesrepublik Deutschland*.
Er wohnt *im Haus* von Dino *unten im Erdgeschoß*.
Dino hat *oben im dritten Stock* ein Zimmer.
Manchmal geht Ismet *zu Dino rauf*,
oder Dino kommt *runter zu ihm*.

In jedem Stockwerk sind drei Wohnungen:
eine Wohnung *links*, eine *in der Mitte* und eine *rechts*.
Links neben ihm wohnt eine Familie *aus der Schweiz*.
Er geht oft *rüber zu ihnen*.
Über ihm wohnt eine Jugoslawin.

Ismet kommt *von der Arbeit nach Hause.*
Vor seiner Tür steht Dino.
Dino möchte ihn einladen,
denn morgen ist Silvester.
Er hat Freunde *in der Nähe von Köln.*
Sie machen morgen abend ein Fest.

Am Silvesterabend fährt Ismet *zu dem Fest.*
Zuerst geht er *über einen Platz* und *durch einen Park,*
dann *an einem Restaurant vorbei* und *die Straße entlang.*
Er wartet *an der Haltestelle.*
Hier steigt er *in den Bus* Linie 10 ein und fährt *bis zur Post.*
Von dort geht er *zum Bahnhof.*

Wie komme ich zum Bahnhof?

Ismet:	Entschuldigen Sie, wie komme ich zum Bahnhof?
Ein Mann:	Wie bitte? Wohin wollen Sie?
Ismet:	Zum Bahnhof.
Der Mann:	Ach so, zum Bahnhof . . . Das ist noch weit!
Ismet:	Wirklich? Wie weit ist es denn noch?
Der Mann:	Ungefähr vierzig Minuten.
Ismet:	Zu Fuß? Oder mit dem Bus?
Der Mann:	Zu Fuß. Mit dem Bus brauchen Sie eine Viertelstunde.
	Aber der Bus fährt nur alle zwanzig Minuten.
Ismet:	Und wo ist die Haltestelle?
Der Mann:	Dort um die Ecke, Linie 10.
	Gehen Sie geradeaus und dann die erste Straße links.
	Die Haltestelle ist gegenüber vom Kaufhaus.
Ismet:	Muß ich umsteigen?
Der Mann:	Nein, der Bus fährt direkt bis zur Post,
	und von dort sind Sie in zwei Minuten am Bahnhof.
Ismet:	Vielen Dank.
Der Mann:	Ich muß übrigens auch in diese Richtung.
	Wir können zusammen gehen.
Ismet:	Das ist sehr freundlich von Ihnen.
Der Mann:	Wissen Sie, ich gehe zu meinem Sohn.
	Silvester bin ich immer bei einem von meinen Kindern. –
	Fahren Sie mit dem Zug weg?
Ismet:	Ja, zu Freunden nach Brühl.
	Sie machen heute abend ein Fest.
Der Mann:	Wo liegt denn Brühl?
Ismet:	Das weiß ich auch nicht. Irgendwo zwischen Bonn und Köln.
	Ich muß am Bahnhof fragen.
Der Mann:	Na, hoffentlich finden Sie den Weg dorthin . . .

Geh doch mal rüber zu Peter!

Monika:	Hallo, Ismet! Komm doch rein!
Ismet:	Grüß dich! – Ich komme etwas spät, es ist schon halb acht . . .
Monika:	Das macht doch nichts. Viele sind sowieso noch nicht da.
Ismet:	Wie viele kommen denn?
Monika:	Ungefähr dreißig.
Ismet:	Was? So viele! Da müssen wir ja stehen!
Monika:	Ja, du hast recht, wir haben nicht genug Stühle.
	Manche tanzen vielleicht nicht und wollen sitzen.
Ismet:	Ach so – tanzen wir auch?
Monika:	Na klar, heute ist Silvester, da tanzt man doch!
Ismet:	Haben wir denn hier genug Platz zum Tanzen?
Monika:	Ja, ja. Dort links in der Ecke ist Platz, und hier vorn auch.
	Das geht schon. – Bitte geh doch mal rüber zu Peter und hol ein paar Stühle!
Ismet:	Gut, das mache ich. – Ist Dino schon da?
Monika:	Ja, er ist nebenan bei meinem Bruder.
	Sag ihm, er soll den Kassettenrecorder rüberbringen!

Dino:	Hallo, Ismet! Wie gefällt es dir bei uns?
Ismet:	Prima! – Du, ich soll ein paar Stühle holen.
Dino:	Da, nimm die zwei hier!
Ismet:	Kann ich sonst noch was für euch tun?
Dino:	Ja, wir wollen noch zwei Plakate an die Wand hängen.
	Eins hängt schon an der Wand.
Ismet:	Und wo sind die Plakate?
Dino:	Draußen im Flur. Leg sie dann nebenan ins Zimmer! –
	Übrigens: du kannst auch noch Getränke mitnehmen.
	Stell sie in der Küche auf den Tisch!
	Und die Küche müssen wir noch aufräumen . . .
Ismet:	Hier muß man ja arbeiten! Feiert ihr Silvester immer so?

121

Ort und Richtung

Frage	wohin?		wo?		woher?	
Präpo-sition	**nach**		**in**		**aus**	*mit Dativ*
	in	*mit Akk.*	**an**	*mit Dativ*	**von**	
	zu	*mit Dativ*	**bei**			
			auf			
Verben	*z.B.* gehen		*z.B.* sein		kommen	
	fahren		wohnen			

Wohin fahren Sie?	**Wo** treffe ich Sie?	**Woher** kommen Sie?
Ich fahre . . .	Sie treffen mich . . .	Ich komme . . .
nach Italien	**in** Italien	**aus** Italien
nach München	**in** München	**aus** München
nach Hause	**zu** Hause	**von** zu Hause
in die Türkei	**in der** Türkei	**aus der** Türkei
in die Stadt	**in der** Stadt	**aus der** Stadt
ins Büro	**im** Büro	**aus dem** Büro
ins Kaufhaus	**im** Kaufhaus	**vom** Kaufhaus
in die Uni	**in der** Uni	**von der** Uni
ins Theater	**im** Theater	**aus dem** Theater
in Urlaub	**im** Urlaub	**aus dem** Urlaub
zu meinem Sohn	**bei meinem** Sohn	**von meinem** Sohn
zum Arzt	**beim** Arzt	**vom** Arzt
zur Prüfung	**in der** Prüfung	**von der** Prüfung
zum Bahnhof	**am** Bahnhof	**vom** Bahnhof
zur Post	**auf der** Post	**von der** Post
zu einem Fest	**auf einem** Fest	**von einem** Fest
zum Unterricht	**im** Unterricht	**vom** Unterricht

Präpositionen

Präposition mit Akkusativ	Präposition mit Dativ
Wohin soll ich die Kassetten legen?	**Wo** liegen die Kassetten?
In den Schrank.	**Im** Schrank.
Ans Fenster.	**Am** Fenster.
Neben das Regal.	**Neben dem** Regal.
Vor die Tafel.	**Vor der** Tafel.
Hinter die Tür.	**Hinter der** Tür.
Auf den Tisch.	**Auf dem** Tisch.
Unter den Stuhl.	**Unter dem** Stuhl.
Zwischen die Regale.	**Zwischen den** Regalen.
Wohin soll ich das Bild hängen?	**Wo** hängt das Bild?
Über das Sofa.	**Über dem** Sofa.

maskulin und neutrum	in dem	= im	von dem	= vom	zu dem	= zum
	an dem	= am	bei dem	= beim		
neutrum	in das	= ins	an das	= ans		
feminin	zu der	= zur				

Partikeln

Richtung	Ort
Wohin soll ich gehen?	**Wo** ist das Paket?
Komm doch mal **her**!	**Hier** bei mir.
Geh doch mal **hin**!	**Dort** bei Monika.
Geh doch mal **rauf**!	**Oben** bei Gerd.
Komm doch mal **runter**!	**Unten** bei Peter.
Komm doch mal **rein**!	**Da** im Zimmer.

Stadtplan

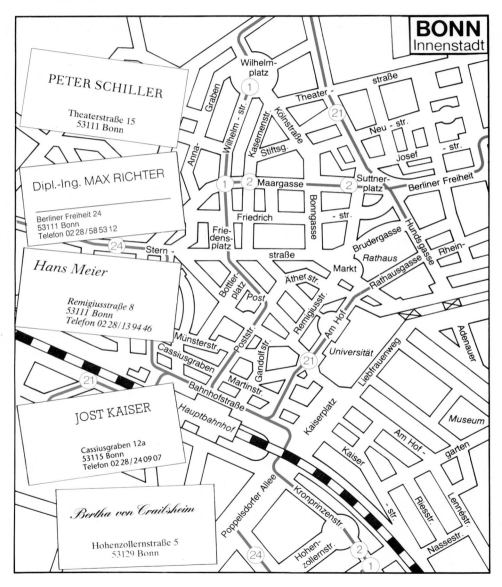

Partnerübungen

1 🖼️🖼️ Fragewörter und Präpositionen (Ort und Richtung)

Partner 1   Partner 2

Wo	kommt Ismet? ——— Türkei.
Woher	Stadt kommt er? ——— Ankara.
Wohin	arbeitet er? ——— Bonn.
Aus welcher	Stock wohnt er? ——— Erdgeschoß.
In welchem	Stock wohnt Dino? ——— dritten Stock.
	wohnt die Jugoslawin? ——— ihm.
	fährt Ismet? ——— einem Fest.
	ist das Fest? ——— Köln.

2 🖼️ Präpositionen (Ort und Richtung)

Partner 1   Partner 2

Fährst du weg?   Ja.
Wohin denn?   *In die Stadt.*
Was machst du denn in der Stadt?   Ich ——————— .

Ich fahre in die Stadt.	Ich fahre zur Buchhandlung.
Ich fahre nach Frankfurt.	Ich fahre nach Hause.
Ich fahre zum Supermarkt.	Ich fahre zur Universität.

3 🖼️ Präpositionen (Ort)

Partner 1   Partner 2

Wo kann ich Sie treffen?   Ich gehe jetzt zum *Kino.*
Gut, dann also *am* Kino.   In zehn Minuten bin ich dort.

am Kino
im Kino
vor dem Kino
beim Kino
neben dem Kino

Kaufhaus
Buchhandlung
Schule
Bahnhof

4 👥 **Auskunft**

Beispiel   vom Bahnhof – zur Post

Partner 1: Entschuldigen Sie, wie komme ich von hier zur Post?
Partner 2: Gehen Sie über die Hauptstraße, dann geradeaus.
               An der Ecke Königstraße ist die Post – links an der Ecke.
Partner 1: Vielen Dank für die Auskunft!

Partner 1 möchte   von der Post   – zum Restaurant
                    vom Restaurant   – zum Kaufhaus
                    vom Kaufhaus   – zur Universität
                    von der Uni   – zum Park
                    von der Schule   – zum Goetheplatz
                    von der Bergstraße – zur Schule

Partner 2 gibt ihm Auskunft: Gehen Sie _____
                                 Nehmen Sie den Bus Linie _____
                                 Steigen Sie _____ aus!
                                 Fahren Sie _____

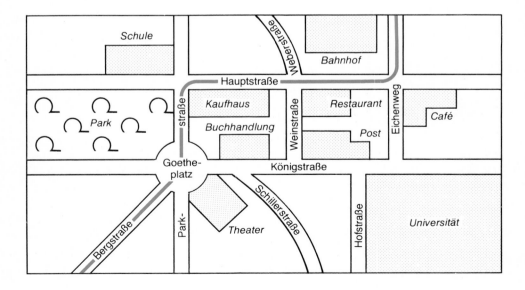

5 🔲🔲 🔲 **Ort und Richtung**

1	r Schreibtisch	7	r Stuhl	13	r Fernseher
2	r Kalender	8	s Regal	14	e Zeitung
3	s Bild	9	r Schrank	15	s Fenster
4	r Vorhang	10	r Tisch	16	s Sofa
5	Bücher	11	r Papierkorb	17	r Sessel
6	s Bett	12	e Lampe	18	Getränke

Partner 1: Wo ist denn der *Kalender*?
Partner 2: Auf dem Sessel.
Partner 1: Häng ihn doch an die Wand!

Kalender	– Wand		Zeitung	– Regal
Stuhl	– Schreibtisch		Bild	– Wand
Fernseher	– Ecke		Getränke	– Ecke
Lampe	– Schreibtisch		Bücher	– Regal
Papierkorb	– Schreibtisch		Sessel	– Tisch
Getränke	– Tisch		Bild	– Sofa
Zeitung	– Schreibtisch		Regal	– Ecke
Vorhang	– Fenster		Schrank	– Bett

6   Partikeln (Ort und Richtung)

Partner 1

Wo ist denn *Herr Stolze*?
Sagen Sie ihm, er soll bitte raufkommen!

Partner 2

Unten im Büro.
Ja, ja, er kommt gleich rauf.

Herr Stolze ist unten im Büro.
Frau Beck ist oben bei Herrn Ziegler.
Herr Schmidt ist drüben bei Fräulein Mai.
Frau Drechsler wartet draußen vor der Tür.
Herr Burger ist unten bei Herrn Fuhrmann.

Schriftliche Übungen

1   Kombination

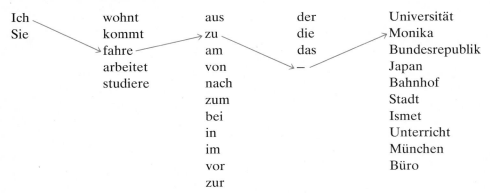

Ich	wohnt	aus	der	Universität
Sie	kommt	zu	die	Monika
	fahre	am	das	Bundesrepublik
	arbeitet	von	–	Japan
	studiere	nach		Bahnhof
		zum		Stadt
		bei		Ismet
		in		Unterricht
		im		München
		vor		Büro
		zur		

2   Bericht: Wie ist Ihr Zimmer?

links	neben der Tür	der Tisch	über
rechts	vor dem Fenster	das Bett	gegenüber von
in der Mitte	an der Wand	der Schrank	hinter
. . .	. . .	. . .	. . .

📖 Kontrollübung

Präpositionen aus, von

Woher kommen Sie?	_____ Türkei?	Aus der
	_____ Italien?	Aus
	_____ Bundesrepublik?	Aus der
	_____ Wien?	Aus
	_____ Schweiz?	Aus der
	_____ Büro?	Vom/Aus dem
	_____ Stadt?	Aus der
	_____ Ihren Eltern?	Von
	_____ zu Hause?	Von

Präpositionen nach, in, zu

Wohin fahren Sie?	_____ München?	Nach
	_____ Schweiz?	In die
	_____ Universität?	Zur
	_____ Stadt?	In die
	_____ Ihren Eltern?	Zu
	_____ Theater?	Zum
	_____ Post?	Zur
	_____ Hause?	Nach

Präpositionen in, zu, bei, an

Wo ist er?	_____ Büro?	Im
	_____ Bahnhof?	Am
	_____ seinen Eltern?	Bei
	_____ Arzt?	Beim
	_____ Unterricht?	Im
	_____ Türkei?	In der

Partikeln rauf, rüber, runter, her

Ich bin gegenüber bei Gerd. Komm doch mal _____ !	rüber
Ich bin unten bei Ismet. Komm doch mal _____ !	runter
Ich bin oben bei Dino. Komm doch mal _____ !	rauf
Ich bin hier. Komm doch mal _____ !	her

Verben

Er *steigt* in den Bus *ein*.
Muß ich *um/steigen*?
Wo *steigen* Sie *aus*?
Wo *liegt* das Buch?
Leg das Buch dorthin!
Wo *stehen* die Stühle?
Stellt sie dorthin!
Wo sollen wir *sitzen*?
Eva *holt* die Plakate.
Wo *hängen* die Plakate?
Räumt die Küche *auf*!
Wir *feiern* Silvester.
Der Bus *braucht* fünf
Minuten.

Nomen

e Türkei
e Bundesrepublik
  Deutschland
Jugoslawien
e Schweiz
s Stockwerk, –e
r Stock, Stockwerke
s Erdgeschoß
e Wohnung, –en
s Haus, ¨-er
e Tür, –en
r Stuhl, ¨-e
r Tisch, –e
e Küche, –n
r Flur, –e
e Wand, ¨-e
r Kassettenrecorder, –
r Weg, –e
e Haltestelle, –n
e Ecke, –n

e Richtung, –en
e Linie, –n
r Bahnhof, ¨-e
e Straße, –n
r Park, –s
r Platz, ¨-e
s Restaurant, –s
s Fest, –e
Silvester
e Mitte
s Plakat, –e

Pronomen

Silvester tanzt *man*.

Artikelwort

Jeder Stock hat drei
Wohnungen.

Fragewort

Wohin gehen Sie?

Adjektive

Das ist noch *weit*.
Er ist *freundlich*.
Der Bus fährt *direkt*
zur Post.

Partikeln

Ich wohne *nebenan*.
Peter ist *draußen*
(drüben).
Komm doch *her (rein)*!
Ismet wohnt *unten*.
Dino wohnt *oben*.
Ismet kommt *rauf*.
Dino geht *runter*.
Er geht zu ihm *rüber*.

links – rechts –
geradeaus
Was? *So viele* kommen?
Manchmal besucht er
mich.
Ich muß *übrigens* auch
dorthin.
Er spielt *irgendwo*.

Präpositionen

Wer wohnt *neben* ihm?
Über ihm wohnt Dino.
Unter ihm wohne ich.
Er kommt *von* zu Hause.
Er steht *vor* der Tür.
Was ist *hinter* dir?
Köln ist *in der Nähe*
von Bonn.
Die Haltestelle ist
um die Ecke.
Er geht *über* den Platz,
durch einen Park,
an einem Kino *vorbei*,
die Straße *entlang*.
Er fährt *bis zur* Post.
Das Haus ist *gegenüber*
vom Kino.
Brühl liegt *zwischen*
Köln und Bonn.

Wendungen

Ich gehe *zu Fuß*.
So viele Leute!
Du hast recht.
Hier ist genug Platz.
Das geht schon.
Kann ich sonst noch
was tun?

Reihe 10

Thema

Heirat · Kinder

Dialoge

A Wollt ihr keine Kinder?
B Wir denken anders über die Ehe!

Grammatik

Reflexive Verben

Reflexivpronomen im Akkusativ	sich treffen	
	sich freuen	
Reflexivpronomen im Dativ	sich wünschen	
	sich leisten	

Verben mit Präpositionalobjekt

Präposition mit Akkusativ	diskutieren über	
	sich gewöhnen an	
	sich interessieren für	
Präposition mit Dativ	einladen zu	
	sich unterhalten mit	
	sich trennen von	

Fragewörter	Über wen?	Worüber?
	Mit wem?	Womit?

Partikel	da-	darüber	darauf
		davon	damit

131

Heinz und Gerda sind seit fünf Jahren verheiratet.
Sie haben eine Tochter.
Gerda muß nicht mehr arbeiten, sie ist Hausfrau
und *kümmert sich um* den Haushalt und *um* das Kind.
Heinz arbeitet als Elektriker und verdient ganz gut.
Sie können *sich* eine Dreizimmerwohnung *leisten*
und *freuen sich* sehr *über* ihr Auto.
Jetzt *sparen* sie *auf* einen Urlaub in Spanien.

132

Beate und Michael sind seit drei Jahren befreundet.
Manchmal *sprechen* sie *über* Heirat.
Aber sie können *sich* noch nicht *dazu entschließen*.
Beate ist Laborantin in einem Krankenhaus
und möchte nicht *auf* ihren Beruf *verzichten*.
Aber wer soll *sich* dann *um* den Haushalt und die Kinder *kümmern*?
Michael *fürchtet sich* auch *vor* dieser Entscheidung,
er *fühlt sich* noch zu jung für die Ehe.

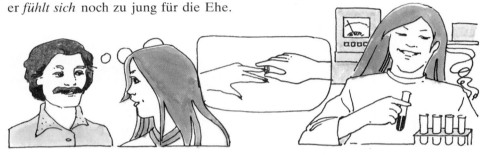

Claudia ist unverheiratet und lebt allein.
Sie ist Journalistin.
Ihr Beruf macht ihr viel Spaß.
Sie *trifft sich* oft *mit* Geschäftsleuten
und *diskutiert mit* ihnen *über* Probleme im Beruf.
In ihrer Freizeit *interessiert* sie *sich* sehr *für* Sport,
und fast jeden Abend *geht* sie *mit* Freunden *aus*.
Sie ist zufrieden und möchte unabhängig bleiben.

Wollt ihr keine Kinder?

Ein Telefongespräch

Uschi:　Burger!

Gerda:　Hallo, Uschi, ich bin's – Gerda!

Uschi:　Grüß dich, Gerda!
　　　　Na, du rufst auch wieder mal an!
　　　　Wie geht's? Was macht die Familie?

Gerda:　Du, ich habe eine Neuigkeit . . .

Uschi:　Eine Neuigkeit? Kauft ihr euch ein Auto?

Gerda:　Nein, nein . . .

Uschi:　Macht ihr Urlaub in Amerika?

Gerda:　Auch nicht.

Uschi:　Na los, sag's schon! Du machst mich ja wirklich neugierig!

Gerda:　Stell dir vor, ich bekomme wieder ein Kind!

Uschi:　Was? Ist das wahr? Gerda, das ist aber eine Überraschung!

Gerda:　Für uns ist's auch eine Überraschung.

Uschi:　Freut ihr euch denn nicht darüber?

Gerda:　Na ja, teils teils. Einerseits ist es gut für Heidi, sie bleibt kein Einzelkind.
　　　　Andererseits müssen wir wieder auf manches verzichten, zum Beispiel auf
　　　　den Urlaub in Spanien.
　　　　Und dann die Arbeit: Ich muß mich ja bald um zwei Kinder kümmern –
　　　　für mich selbst bleibt keine Zeit mehr . . .

Uschi:　Das geht schon, mach dir keine Sorgen!

Gerda:　Du kannst das leicht sagen! Ihr habt ja keine Kinder!

Uschi:　Weißt du, ich unterhalte mich oft mit Hans darüber.
　　　　Aber wir finden, mit Kindern ändert sich eben alles.
　　　　Man muß sich viel mit ihnen beschäftigen, sie können nicht allein zu
　　　　Hause bleiben.
　　　　Und später dann die Sorgen mit der Schule . . .

Gerda:　Eben, das sind die Probleme!
　　　　Aber trotzdem: man gewöhnt sich daran.
　　　　Wir können uns ein Leben ohne Kinder nicht mehr vorstellen . . .

Wir denken anders über die Ehe!

Eine Diskussion

Pramod: In meiner Heimat ist das so: Die Eltern suchen für ihre Kinder einen Ehepartner. Auch die Großeltern sagen ihre Meinung dazu. Die verheiratete Tochter geht dann zu ihrem Mann, in seine Familie. Der Sohn bleibt mit seiner Frau bei den Eltern.

Bernd: Warum entscheiden eigentlich die Eltern über die Heirat? Warum sind die Kinder so abhängig von den Eltern? Wir können das nicht verstehen. Ich möchte mir doch meinen Ehepartner selbst suchen. Ich will auch später nicht mit meiner Frau bei den Eltern wohnen. Das gibt nur Probleme . . .

Pramod: Ja, ihr denkt eben an euch selbst, aber für uns ist die Großfamilie sehr wichtig. Wir fühlen uns nicht abhängig. Deshalb wollen Jugendliche in meiner Heimat bald heiraten und eine große Familie haben. Alle freuen sich darüber!

Bernd: Bei uns ist das anders. Für mich zum Beispiel sind Kinder nicht so wichtig. Ich möchte zuerst unverheiratet mit meiner Freundin zusammenleben. Jeder hat seinen Beruf und seine Hobbies. Vielleicht trennen wir uns nach ein paar Jahren, dann braucht man keine Scheidung. Eine Scheidung ist immer ein Problem: Wieviel Geld bekommt der Partner? Wer bezahlt für die Kinder? . . .

Pramod: Das ist bei uns unmöglich, wir können nicht unverheiratet zusammenleben. Findet ihr das nicht unmoralisch? Auch über eine Scheidung denken wir anders. Die Ehe soll doch das ganze Leben dauern. Deshalb sind Scheidungen bei uns sehr schwierig. Was soll die geschiedene Frau nachher machen? Zu ihren Eltern kann sie nicht zurückgehen. Und die Leute sprechen nicht freundlich über sie.

Bernd: Aber das ist doch schlimm!?

Pramod: Warum denn? Wir denken eben anders über Ehe und Familie.

Bernd: Ja, das stimmt schon. – Übrigens: Nicht alle Deutschen denken so, nur manche. Viele heiraten jetzt auch wieder sehr jung und wünschen sich viele Kinder . . .

Reflexive Verben

Reflexivpronomen im Akkusativ

	Singular	*Plural*
1. Person	Ich ändere **mich**.	Wir ändern **uns**.
2. Person	Du änderst **dich**.	Ihr ändert **euch**.
3. Person	Er ändert **sich**.	Sie ändern **sich**.

sich ändern	Er kann sich nicht mehr ändern.
sich trennen	Ute und Dieter wollen sich trennen.
sich treffen	Wo sollen wir uns treffen? In der Stadt?
sich freuen	Ihr kommt also morgen? Ich freue mich.
sich fürchten	Unser Kind fürchtet sich allein zu Hause.

Reflexivpronomen im Dativ

Singular

1. Person	Ich	wünsche	**mir** eine Tochter.
2. Person	Du	wünschst	**dir** einen Sohn.
3. Person	Er	wünscht	**sich** zwei Kinder.

Plural

1. Person	Wir	wünschen	**uns** ein Kind.
2. Person	Ihr	wünscht	**euch** keine Kinder.
3. Person	Sie	wünschen	**sich** viele Kinder.

sich wünschen	Wünschst du dir Kinder?
sich kaufen	Er kauft sich einen Tisch.
sich suchen	Ich suche mir eine Wohnung.
sich vorstellen	Stell dir vor, ich heirate!
sich leisten	Er kann sich kein Auto leisten.

Grammatik

Verben mit Präpositionalobjekt

Präposition mit Akkusativ

denken an — Denken Sie oft an Ihre Familie?
sprechen über — Ich möchte über dieses Buch sprechen.
verzichten auf — Können wir auf einen Dolmetscher verzichten?

Präposition mit Dativ

gratulieren zu — Ich gratuliere Ihnen zu Ihrem Sohn!
einladen zu — Darf ich Sie zum Essen einladen?
beginnen mit — Wann beginnen wir mit der Diskussion?

Reflexive Verben mit Präpositionalobjekt

Präposition mit Akkusativ

sich gewöhnen an — Er kann sich nicht an das Essen gewöhnen.
sich interessieren für — Interessieren Sie sich für Medizin?
sich freuen auf — Ich freue mich sehr auf die Reise.
sich freuen über — Freuen Sie sich über die Einladung?

Präposition mit Dativ

sich treffen mit — Wo kann ich mich mit Ihnen treffen?
sich trennen von — Er will sich von mir trennen.
sich fürchten vor — Ich fürchte mich vor der Trennung.
sich entschließen zu — Kann er sich zur Heirat entschließen?

Fragewort wo- und Partikel da-

Über wen sprechen Sie?   **Worüber** sprechen Sie?
Über meinen Mann?   **Über** Musik?
Über ihn sprechen wir nicht.   **Darüber** sprechen wir nicht.

Mit wem?   **An wen?**   **Womit?**   **Woran?**
Vor wem?   **Auf wen?**   **Wovor?**   **Worauf?**

137

Wann können Jugendliche heiraten?

Jungen können mit achtzehn heiraten. Mädchen schon mit sechzehn, aber dann müssen die Eltern mit der Heirat einverstanden sein. Zur Zeit heiraten Männer durchschnittlich mit 28 und Frauen mit 25. Viele Jugendliche wollen zuerst unabhängig leben. Sie gehen von den Eltern weg, ziehen in eine andere Wohnung und sind berufstätig. Sie warten noch ein paar Jahre mit der Heirat.

Warum haben Deutsche so wenige Kinder?

Deutsche wünschen sich nicht mehr viele Kinder: fünf von zehn Familien haben gar keine Kinder. Das hat folgende Gründe:
Das Leben in den Städten ist mit Kindern nicht leicht. Die Wohnungen sind klein und teuer, auf den Straßen können die Kinder nicht spielen, und die Nachbarn kennt man kaum.
Viele Deutsche wollen mehr Freizeit. Mit Kindern hat man wenig Zeit und wenig Geld für seine Hobbies.
Mit sechzig (Frauen) bzw. fünfundsechzig (Männer) bekommt man eine monatliche Rente. Die Eltern sind also im Alter nicht von Kindern abhängig.

Suchen Sie die Übersetzung für neue Wörter in Ihrem Wörterbuch!

138

Partnerübungen

1 👥 Reflexives Verb sich interessieren für

Partner 1: Interessieren Sie sich für *Theater*?
Partner 2: Ja, aber ich interessiere mich auch für *Musik*.

Theater	Sport	Französisch	Technik	Chemie	Bücher
Deutsch	Musik	Medizin	Kunst	Englisch	Reisen

2 👥 Fragewort wo- und Partikel da-

Partner 1:   Wofür interessierst du dich eigentlich?
Partner 2:   Für *Kunst*. Interessierst du dich auch dafür?
Partner 1:   { Ja, ich diskutiere gern über Kunst.
               { Nein, dafür interessiere ich mich nicht.

Kunst	Fernsehen	Theater	Filme	Sport	Musik	Technik

3 👥 Verben sich treffen mit, warten auf

Partner 1

Wo treffen *wir* uns mit *Peter*?

Partner 2

Er wartet *vor dem Kino* auf uns.

Partner 1	Partner 2
wir – Peter	vor dem Kino
Gerd – Herr Fischer	im Restaurant
ihr – Rolf	am Bahnhof
Eva – Gerd	zu Hause
du – Thomas Heller	vor der Universität
ihr – Frau Köbel	vor dem Theater
wir – Monika	gegenüber von der Post
Sie – Ihre Schwester	an der Ecke Blumenstraße
wir – Helga Kraus	an der Haltestelle

4   Fragewort wo- **und Präpositionen**

Partner 1

Worum kümmert sich Gerda?

_____ freuen sich Heinz und Gerda?
_____ sparen sie jetzt?
_____ kann sich Beate nicht entschließen?
_____ möchte sie nicht verzichten?
_____ fürchtet sich Michael?
_____ trifft sich Claudia oft?
_____ diskutiert sie dann?
_____ interessiert sie sich noch?
_____ geht sie abends oft aus?

Partner 2

Um den Haushalt.

Auf	_____ .
Für	_____ .
Mit	_____ .
Über	_____ .
Vor	_____ .
Zu	_____ .
	_____ .
	_____ .

5   **Reflexivpronomen im Dativ**

Partner 1: *Ich* wünsche mir viele Kinder.

Partner 2: Wirklich? Kannst du dir nicht auch ein Leben ohne Kinder denken?

Partner 1: Zur Zeit kann ich mir das nicht vorstellen.
           Aber vielleicht ändere ich meine Meinung.

Partner 2: Mit Kindern kannst du dir nicht mehr viel leisten.
           Du hast dann wenig Freizeit, wenig Geld und viele Probleme . . .

Partner 1: Na ja, vielleicht überlege ich es mir noch einmal.

Ich . . .   Wir . . .   Peter . . .   Gerda . . .   Peter und Gerda . . .

6 👥 Präpositionalobjekt

Partner 1   Partner 2

Worüber kann man *sprechen*?   Man kann zum Beispiel über den Urlaub
                                    sprechen, oder . . .

Über wen kann man sprechen?   Man kann über seine Kinder sprechen,
                                    oder . . .

sprechen	sich kümmern	an	Ehe	Arbeit
sparen	sich interessieren	auf	Musik	Vater
diskutieren	sich gewöhnen	für	Prüfung	Kind
denken	sich entschließen	mit	Urlaub	Freundin
verzichten	sich unterhalten	über	Kollege	Einladung
sich freuen	sich fürchten	um	Theater	Geschenk
sich trennen	sich beschäftigen	von	Fest	Entscheidung
sich treffen		vor	Auto	Problem
		zu	Freund	

7 👥 Reflexive Verben

Partner 1: Wie gefällt es Ihnen eigentlich bei uns?

Partner 2: Gut, aber ich muß _____ erst an das Leben hier
_____ . An das Essen zum Beispiel . . .

Partner 1: Das kann ich _____ _____ . In Ihrer Heimat ist
das Essen sicher anders.

Partner 2: Ja. Und ich _____ oft an meine Familie. In
einem Jahr sehe ich sie wieder. Ich _____ _____
wirklich sehr darauf.

Partner 1: Besuchen Sie uns doch mal! Wir können zusammen essen und _____ über Ihre Heimat
_____ . . .

> sich unterhalten
> sich freuen
> denken
> sich gewöhnen
> sich vorstellen

Schriftliche Übungen

1 ✐ Heirat, Ehe und Familie

Beispiel

Sollen die Eltern bei der Heirat mitentscheiden, oder ist das nur die Entscheidung der Kinder?

Ich finde, ——————————————— , denn ———————————————— .
Das ist meine Meinung. Aber manche Leute denken anders.
Sie sagen, ——————————————— , und deshalb ———————————————— .
So denken sie darüber.

1 Sollen die Eltern bei der Heirat mitentscheiden, oder ist das nur die Entscheidung der Kinder?
2 Soll eine verheiratete Frau sich nur um die Kinder kümmern, oder kann sie auch einen Beruf haben?
3 Manche Mütter arbeiten, und der Mann kümmert sich um den Haushalt und um die Kinder. Wie denken Sie darüber?
4 Soll eine Familie viele Kinder haben? Wie denken Sie über Einzelkinder?
5 Manche Jugendliche heiraten sehr jung. Ist das gut für die Ehe und für die Kinder?
6 Ein Freund von Ihnen heiratet eine geschiedene Frau. Wie denken Sie darüber?
7 In einer Großfamilie leben auch die Großeltern. Welche Meinung haben Sie dazu?

2 ✐ Aufsatz

Thema: Freundschaft, Heirat, Familie, Kinder

In meiner Heimat ist das so: . . .

Kontrollübung

Reflexivpronomen

Kann ich _____ ein Bier aus der Küche holen?	mir
Sollen wir _____ nachher über die Arbeit unterhalten?	uns
Oder fühlst du _____ nicht gut?	dich
Übrigens: Ich suche _____ eine neue Wohnung.	mir
Was? Du willst _____ von deiner Frau trennen?	dich
Überleg _____ das noch!	dir
Ja, ja, Helmut ändert _____ eben nicht!	sich
Du wünschst _____ doch Kinder, oder?	dir
Wann trefft ihr _____ wieder?	euch

Fragewörter und Präpositionen

_____ interessieren Sie sich? _____ Bücher?	Wofür – Für
_____ beschäftigen Sie sich? _____ Deutsch?	Womit – Mit
_____ freuen Sie sich? _____ den Urlaub?	Worauf – Auf
_____ denken Sie? _____ zu Hause?	Woran – An
_____ müssen Sie verzichten? _____ die Reise?	Worauf – Auf
_____ diskutieren Sie gern? _____ Medizin?	Worüber – Über
_____ sprechen Sie morgen? _____ Japan?	Worüber – Über
_____ kümmern Sie sich oft? _____ Christa?	Um wen – Um
_____ treffen Sie sich jetzt? _____ Frau Steger?	Mit wem – Mit
_____ unterhalten Sie sich? _____ Ihren Kollegen?	Mit wem – Mit
_____ unterhalten Sie sich? _____ Ihre Kollegen?	Über wen – Über

Partikel da-

Medizin? Nein, _____ interessiere ich mich nicht.	dafür
Englisch? Nein, _____ beschäftige ich mich nicht.	damit
Arbeit? Nein, _____ freue ich mich nicht.	darauf
Prüfung? Nein, _____ denke ich nicht.	daran
Bier? Nein, _____ muß ich nicht verzichten.	darauf
Politik? Nein, _____ diskutiere ich nicht gern.	darüber
Frau Steger? Nein, _____ treffe ich mich nicht.	mit ihr/der
Kollegen? Nein, _____ unterhalte ich mich nicht.	über sie/die, mit ihnen/denen

Verben

Ich *fühle mich* prima.
Ich will *mich ändern*.
Ich kann *mir* das
leisten.
Ich *überlege* es *mir*.
Ich *wünsche mir* etwas.
Ich kann *mir* das
nicht *vorstellen*.

Sie *denkt an* ihre
Freundin.
Wir *denken* anders
über die Ehe.
Sie *sparen auf* einen
Urlaub.
Sie *verzichtet auf*
ihren Beruf.
Sie *spricht mit* ihm
über die Kinder.
Sie *diskutiert mit*
ihm *über* die Ehe.

Ich *kümmere mich um*
die Kinder.
Ich *freue mich auf*
das Kind.
Ich *freue mich über*
das Geschenk.
Ich *interessiere mich*
für Sport.
Ich *gewöhne mich*
nicht *an* ihn.
Ich will *mich von* ihm
trennen.
Ich kann *mich* nicht
dazu entschließen.
Ich *unterhalte mich*
oft *mit* ihm.

Ich *treffe mich mit*
meinen Freunden.
Ich *fürchte mich vor*
der Entscheidung.
Ich *beschäftige mich*
gern *mit* Kindern.

Nomen

e Heirat
e Ehe, –n
r Ehepartner, –
e Scheidung, –en
s Einzelkind, –er
s Leben
e Sorge, –n
e Freizeit
r Sport
s Auto, –s
e Hausfrau, –en
r Jugendliche, –n
r Journalist, –en
e Laborantin, –en
s Krankenhaus, ¨–er
r Elektriker, –
e Neuigkeit, –en
e Überraschung, –en
e Heimat
Spanien
Amerika
r Deutsche, –n
e Meinung, –en
e Diskussion, –en
e Entscheidung, –en

Partikeln

Freut ihr euch? –
Teils teils.

Einerseits ist es gut,
andererseits nicht.
Später hat man Sorgen.
Trotzdem: wir wollen
Kinder.
Eva verdient *ganz* gut.
Sie muß *nicht mehr*
arbeiten.
Claudia geht *fast*
jeden Abend aus.
Er entscheidet *selbst*.
Er denkt *anders* über
die Ehe.

Adjektive

Sie sind *befreundet*.
Er ist *unverheiratet*.
Sie ist *geschieden*.
Das ist *unmoralisch*!
Deutsch ist *schwierig*.
Das ist nicht *leicht*.
Ist das *wahr*?
Ich möchte eine *große*
Familie.
Für mich ist das
wichtig.
Sie ist *zufrieden*.
Sie ist *unabhängig*.
Wir sind *neugierig*.

Wendungen

Das macht Spaß!
Es gibt viele
Probleme.
Na los, sag's schon!
zum Beispiel (z.B.)

144

Reihe 11

Thema

Studium

Briefe

A Renate an Atu Konga
B Atu Konga an Renate

Grammatik

Perfekt		
	ich habe	. . . gelernt
	ich habe	. . . gearbeitet
	ich habe	. . . gefunden
	ich bin	. . . gefahren
	ich bin	. . . gewesen
	ich bin	. . . gegangen

Partizip Perfekt	
ge arbeitet	ge fahren
ab ge holt	an ge kommen
be sucht	ver standen
studiert	ge wußt

Zwei Jahre war Atu Konga in Österreich.
Sie *ist* im Februar 1980 aus Afrika *gekommen*.
Zuerst *ist* sie in Graz *gewesen*,
dort *hat* sie einen Sprachkurs *gemacht*.
Der Sprachkurs *hat* sechs Monate *gedauert*,
und Atu *hat* gut Deutsch *gelernt*.
Dann *ist* sie nach Wien *gefahren*.

In Wien *hat* sie *studiert*.
Sie war an der Universität.
1980 *hat* sie ihr Studium *angefangen*.
Es *ist* nicht leicht *gewesen*:
Sie *ist* in Vorlesungen *gegangen*
und *hat* anfangs nur wenig *verstanden*.
Aber Kollegen *haben* ihr *geholfen*.

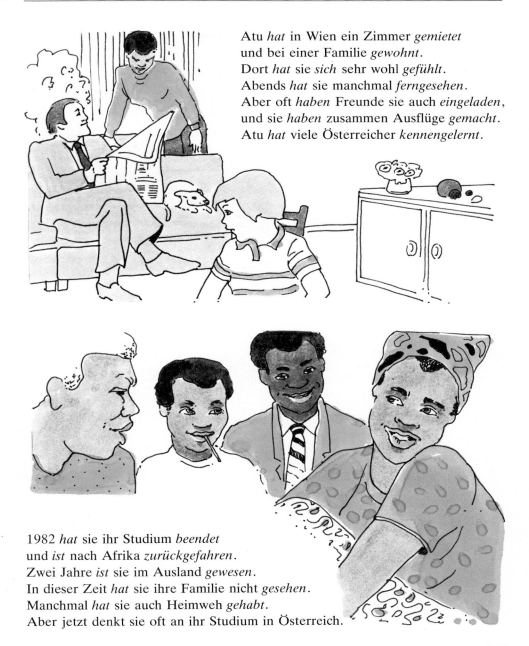

Atu *hat* in Wien ein Zimmer *gemietet*
und bei einer Familie *gewohnt*.
Dort *hat* sie *sich* sehr wohl *gefühlt*.
Abends *hat* sie manchmal *ferngesehen*.
Aber oft *haben* Freunde sie auch *eingeladen*,
und sie *haben* zusammen Ausflüge *gemacht*.
Atu *hat* viele Österreicher *kennengelernt*.

1982 *hat* sie ihr Studium *beendet*
und *ist* nach Afrika *zurückgefahren*.
Zwei Jahre *ist* sie im Ausland *gewesen*.
In dieser Zeit *hat* sie ihre Familie nicht *gesehen*.
Manchmal *hat* sie auch Heimweh *gehabt*.
Aber jetzt denkt sie oft an ihr Studium in Österreich.

Graz, den 27. 10. 1980

Liebe Atu,

Wie geht es Dir in Wien? Ich soll Dich von Deinen Freunden
in Graz recht herzlich grüßen! Wir haben noch nichts von
Dir gehört und denken oft an Dich! Wie war die Reise?
Bist Du gut in Wien angekommen? Hast Du schon
Leute kennengelernt?
Bei uns hat sich einiges geändert. Stell Dir vor, wir sind
umgezogen! Endlich haben wir eine Wohnung gefunden —
Du weißt, es hat lang gedauert. Jetzt sind wir natürlich
glücklich, müssen aber die Wohnung noch einrichten.
Das macht viel Arbeit. Vorgestern waren wir in der Stadt
und haben ein paar Sachen gekauft: einen Schrank,
einen Tisch und Regale. Gestern haben uns schon Freunde
besucht. Viele sind gekommen, und es war sehr lustig.
Auch Dein Freund Erwin ist da gewesen. Wir haben ihn
gleich nach Dir gefragt. Aber Du hast ihm auch noch nicht
geschrieben.
Und noch eine Neuigkeit: Andreas hat seine Prüfung
bestanden — nicht sehr gut, aber natürlich ist er froh!
Jetzt ist die Angst vorbei! Er hat sogar schon eine Stelle
in einem Reisebüro bekommen. Ich soll Dich von ihm
ganz herzlich grüßen!
Franz hat Dir übrigens letzte Woche geschrieben. Hast Du
seinen Brief erhalten? Schreib bitte bald, wir sind
alle sehr neugierig!

Alles Liebe,

     Deine Renate

Unsere neue Adresse:
R. und H. Kirchner
Breite Gasse 10
Graz

Wien, den 8. November 1980

Liebe Renate,

entschuldige bitte, in dieser Woche hatte ich wirklich
noch keine Zeit für einen Brief. Ich habe Dich nicht
vergessen, aber es war immer viel los! Erst heute
habe ich endlich einen Abend frei. So habe ich mich
in mein Zimmer gesetzt und schreibe Dir diesen Brief.

Die Fahrt mit dem Zug hat drei Stunden gedauert
und war sehr schön. Ich habe mich lang mit
einer Deutschen aus Berlin unterhalten. Sie hat
mir viel erzählt - von ihrem Beruf, von ihrer
Familie und von ihren Reisen. So habe ich viel
Deutsch gesprochen.
Jetzt hat mein Studentenleben begonnen. Alles ist
neu für mich. Ich bin jetzt allein und muß mich
um viele Sachen kümmern. In Graz habt ihr mir
immer dabei geholfen. Zum Beispiel hat mich
niemand am Bahnhof abgeholt. Ich habe nach dem
Weg zum Institut gefragt und bin dann mit dem
Bus hingefahren. Auch meine Vorlesungen für das
erste Semester habe ich selbst zusammengestellt.
Es ist nicht leicht, aber es gefällt mir.

Liebe Renate, grüß bitte alle von mir und schreib
bald wieder! Ich fühle mich manchmal ein bißchen
einsam und freue mich dann über jeden Brief!
Kannst Du mal nach Wien kommen und mich besuchen?
Herzlichst,
        Deine Ahu

Das Perfekt

Schwache Verben

		Hilfsverb	*Partizip Perfekt*
Einfach	leben	hat ...	**ge** leb **t**
	arbeiten	hat ...	**ge** arbeit **et**
Trennbar	ab/holen	hat ...	ab **ge** hol **t**
	zu/machen	hat ...	zu **ge** mach **t**
Nicht trennbar	besuchen	hat ...	be − such **t**
	übersetzen	hat ...	über − setz **t**
−ieren	studieren	hat ...	studier **t**

Perfekt mit haben

Ich	**habe**	gestern	**eingekauft.**
Peter	**hat**	mich	**besucht.**
Wir	**haben**	uns mit ihm	**unterhalten.**
Eva	**hat**	ihren Urlaub	**beendet.**
Peter	**hat**	sie am Zug	**abgeholt.**
Wir	**haben**	sie auch	**getroffen.**

Perfekt mit sein

Verben der Bewegung, Verben bleiben, sein, werden

fahren	Ich	**bin**	in die Stadt	**gefahren.**
sein	Wir	**sind**	bei Dino	**gewesen.**
gehen	Er	**ist**	aber bald	**weggegangen.**
kommen	Eva	**ist**	gestern	**gekommen.**
bleiben	Sie	**ist**	zu Hause	**geblieben.**
werden	Sie	**ist**	Laborantin	**geworden.**

Starke Verben

Partizip ohne Vokaländerung

an/fangen	hat angefangen		geben	hat gegeben
an/kommen	ist angekommen		fahren	ist gefahren
an/rufen	hat angerufen		laufen	ist gelaufen
ein/laden	hat eingeladen		schlafen	hat geschlafen
fern/sehen	hat ferngesehen		gefallen	hat gefallen
unterhalten	hat unterhalten		bekommen	hat bekommen

Partizip mit Vokaländerung

ein/steigen	ist eingestiegen		sprechen	hat gesprochen
bleiben	ist geblieben		werden	ist geworden
entscheiden	hat entschieden		treffen	hat getroffen
schreiben	hat geschrieben		helfen	hat geholfen
leihen	hat geliehen		versprechen	hat versprochen
			befehlen	hat befohlen
finden	hat gefunden		entschließen	hat entschlossen
trinken	hat getrunken		beginnen	hat begonnen
tun	hat getan			

Partizip mit Vokal- und Konsonantänderung

um/ziehen	ist umgezogen		gehen	ist gegangen
nehmen	hat genommen		stehen	hat gestanden
sitzen	hat gesessen			
essen	hat gegessen			

Unregelmäßige Verben

bringen	hat gebracht		kennen	hat gekannt
denken	hat gedacht		wissen	hat gewußt

Die Verben haben **und** sein

haben	hat gehabt		sein	ist gewesen

Briefe

Zürich, den 18.11.82

Liebe Renate,

Du hast mir fest...

Abs.: Petra Berger
Mozartstraße 4
CH-8002 Zürich
Schweiz

Herzliche Grüße
Deine Petra.

MIT LUFTPOST
PAR AVION
BY AIR MAIL

Frau Renate Hinz
Heinestraße 7
A-8020 Graz

Österreich

Linz, den 18. November 1982

Sehr geehrter Herr Pilz,

Sie haben mir am 3.11.82 ein Paket mit Büchern geschickt und

besuchen Sie uns doch sicher wieder einmal!

Mit freundlichen Grüßen
Ihr   Peter Fehrer

Partnerübungen

1 👥 **Perfekt mit** sein **und** haben

Partner 1   Partner 2

Wann ist Atu Konga nach Österreich gekommen?   Im Februar 1980

Wann?	– nach Österreich kommen	_____ .
Wo?	– einen Sprachkurs machen	_____ .
Wann?	– nach Wien fahren	_____ .
Wo?	– studieren	_____ .
Wann?	– das Studium anfangen	_____ .
Wer?	– ihr helfen	_____ .
Wo?	– wohnen	_____ .
Wie?	– sich fühlen	_____ .
Wer?	– zu Ausflügen einladen	_____ .
Wann?	– das Studium beenden	_____ .
Wann?	– nach Afrika zurückfahren	_____ .
Wie lange?	– in Österreich sein	_____ .
Wie lange?	– die Familie nicht sehen	_____ .

2 👥 **Lebenslauf**

	Partner 1	Partner 2
gehen	Wo sind Sie zur Schule _____ ?	_____ .
lernen	Haben Sie in der Schule Deutsch _____ ?	_____ .
interessieren	Wofür haben Sie sich sehr _____ ?	_____ .
studieren	Haben Sie _____ ?	_____ .
arbeiten	Wo haben Sie schon _____ ?	_____ .
entscheiden	Haben Sie sich für einen Beruf _____ ?	_____ .
sein	In welchen Ländern sind Sie schon _____ ?	_____ .
sehen	Welche Städte haben Sie schon _____ ?	_____ .

3   Perfekt mit haben

Partner 1: Hat Peter *das Zimmer aufgeräumt*?
Partner 2: Nein, noch nicht. Aber er räumt es morgen auf.
Partner 1: Morgen? Das geht nicht. Er soll es jetzt aufräumen.

das Zimmer aufräumen	seinem Bruder schreiben
das Paket abholen	Herrn Wild anrufen
die Getränke einkaufen	den Text übersetzen
die Karten bestellen	den Brief schreiben
das Essen bezahlen	Herrn Steger gratulieren

4   Perfekt und Nominalisierung von Verben

Partner 1: Was hat Herr Schulz im *Januar* gemacht?
Partner 2: Da hat er *seine Eltern besucht*.

Partner 1: Was war im *Februar*?
Partner 2: Da ist er . . .

Januar:	Besuch bei den Eltern	*besuchen*
Februar:	Umzug nach Stuttgart	*umziehen*
März:	Arbeit in Tübingen	*arbeiten*
April:	als Dolmetscher in Bonn	*dolmetschen*
Mai:	in Bochum	*sein*
Juni:	Reise nach Jugoslawien	*eine Reise machen*
Juli:	Heirat	*heiraten*
August:	Fahrt nach London	*fahren*
September:	Rückfahrt von London	*zurückfahren*
Oktober:	Treffen mit Geschäftsleuten aus Japan	*sich treffen*
November:	Kongreß in Berlin	*sein*
Dezember:	Stellensuche	*suchen*

5 [icon] Perfekt

Partner 1: Was haben Sie gestern abend gemacht?
Partner 2: Ich habe einen Freund besucht. Und Sie? Was haben Sie gemacht?
Partner 1: Ich bin ins Kino gegangen.

gestern abend	im Büro sein	sich mit Kollegen treffen
heute vormittag	Freunde einladen	ins Kino gehen
gestern	einen Freund besuchen	Geschenke kaufen
vorgestern	zu Hause bleiben	die Wohnung aufräumen
gestern mittag	meinem Bruder helfen	ausgehen
am Montag abend	über Musik diskutieren	einen Text übersetzen
am Dienstag	in die Stadt fahren	sich um die Kinder kümmern
. . .	einen Brief schreiben	mit den Kindern spielen

6 [icon] Partizip Perfekt

Partner 1:   Herr Nick, haben Sie es schon _____ ?   *hören*
             Frau Beck hat sich von ihrem Mann _____ !   *trennen*
Partner 2:   Wirklich? Na ja, er hat in der letzten Zeit
             immer so viel _____ .   *trinken*
Partner 1:   Ja, sie hat oft mit ihm darüber _____ .   *sprechen*
             Aber es hat nichts _____ .   *helfen*
             Übrigens: Haben Sie ihren Freund _____ ?   *sehen*
Partner 2:   Hat sie einen Freund?
             Das habe ich nicht _____ .   *wissen*
Partner 1:   Ja, sie ist schon oft mit ihm _____ .   *ausgehen*
Partner 1:   Die Kinder tun mir leid! Schon seit einiger
             Zeit hat sich niemand um sie _____ .   *kümmern*

Schriftliche Übungen

1 ✎ Der Besuch bei Rolf

Gestern bin ich um sechs Uhr von zu Hause weggegangen.
Am Goetheplatz ...

weggehen – sechs Uhr, von zu Hause	sich unterhalten – sein Studium
einsteigen – Goetheplatz, Bus	erzählen – mein Studium
aussteigen – Bahnhofsplatz	kommen – Freunde
gehen – Wohnung von Rolf	mitbringen – Fotos
sein – halb sieben, bei Rolf	bleiben – drei Stunden
einladen – Abendessen	zurückfahren – halb zehn

Wo passen diese Partikeln?

dort	zuerst	später	schließlich
von dort	dann	ungefähr	nachher

2 ✎ Zwei Briefe

Brief 1

An eine Freundin oder einen Freund aus der Bundesrepublik Deutschland, aus
Österreich oder aus der Schweiz. Sie kennen ihn gut und sagen *du* zu ihm oder ihr.
Beginnen Sie den Brief mit „Lieber Peter" oder „Liebe Monika". Erzählen Sie von
Ihrer Familie, Ihrem Leben, von Neuigkeiten, usw.
Beenden Sie den Brief mit „Herzlichst, Deine ..." oder mit „Herzliche Grüße,
Dein ..."

Brief 2

An einen deutschen Besucher. Sie kennen ihn noch nicht lang und sagen *Sie* zu ihm.
Sie hatten einen Termin, aber Sie sind nicht gekommen. Dafür möchten Sie sich
entschuldigen. Beginnen Sie mit „Sehr geehrte Frau Kohr" oder „Sehr geehrter
Herr Munz" und beenden Sie den Brief „Mit freundlichen Grüßen, Ihre ..."
(oder „Ihr ...").

📖 Kontrollübung

Sehr geehrter Herr Kramer,

ankommen	im Oktober _____ ich hier _____.	bin – angekommen
finden	Ich _____ lange keine Arbeit _____.	habe – gefunden
erhalten	Aber vor drei Wochen _____ ich	habe
	Ihren Brief _____ und mich sehr	erhalten
freuen	darüber _____. Ihr Schreiben	gefreut
helfen	_____ mir wirklich _____ : ich	hat – geholfen
bekommen	_____ die Stelle bei Bosch _____.	habe – bekommen
fühlen	Zuerst _____ ich mich sehr allein	habe
ändern	_____, aber das _____ sich bald	gefühlt – hat
einladen	_____. Die Kollegen _____ mich	geändert – haben
	zu Ausflügen _____, und so	eingeladen
sehen	_____ ich schon viel _____. Wir	habe – gesehen
fahren	_____ sogar schon nach Heidelberg	sind
gefallen	_____. Diese Stadt _____ mir sehr	gefahren – hat
kümmern	gut _____. Die Firma _____ sich	gefallen – hat
	auch um eine Wohnung _____.	gekümmert
sein	Anfangs _____ ich in einem Hotel	bin
bleiben	_____, aber ich _____ nicht lange	gewesen – bin
	dort _____. Jetzt habe ich eine	geblieben
gewöhnen	Wohnung, und ich _____ mich an	habe
	das Leben hier _____. Übrigens:	gewöhnt
	Herr Fischer ist nicht mehr in Stutt-	
umziehen	gart, er _____ nach München	ist
wissen	_____. _____ Sie das schon	umgezogen – Haben
sagen	_____? Er _____ mir übrigens mal	gewußt – hat
	_____, ich soll Sie herzlich grü-	gesagt
erzählen	ßen! Ich _____ Ihnen jetzt einiges	habe
interessieren	_____, hoffentlich _____ es Sie	erzählt – hat
	_____! Vielen Dank für Ihre Hilfe!	interessiert

Mit freundlichen Grüßen,
Ihr

Herbert Stiegler

Verben

Er *mietet* ein Zimmer.
Er *richtet* die
Wohnung *ein*.
Er *setzt sich* an den
Tisch.
Wir *ziehen* bald *um*.
Ich *beende* mein
Studium.
Hoffentlich *bestehe*
ich die Prüfung.
Ich habe Ihren Brief
erhalten.
Ich habe die Adresse
vergessen.
Ich *fahre* nicht *hin*.
Sie *stellt* ihre
Vorlesungen *zusammen*.
Sie *fühlt sich wohl*.
Sie hat mir *von* ihrer
Familie *erzählt*.

Nomen

s Studium
r Sprachkurs, –e
e Sprache, –n
s Studentenleben
s Semester, –
s Institut, –e
r Ausflug, ¨e
e Fahrt, –en
e Angst, ¨e
Afrika
Österreich
s Ausland
s Heimweh
s Reisebüro, –s

Adjektive

Wir sind *glücklich*.
Es war *lustig*.
Er fühlt sich *einsam*.
Ich bin *froh*, alles
ist vorbei.
Heute habe ich *frei*.
Sie hat *letzte* Woche
geschrieben.
Wir haben eine *neue*
Adresse.
Ich habe nur *wenig*
verstanden.

Artikelwort

Einige Freunde sind
gekommen.

Pronomen

Er hat *nichts* gehört.
Niemand hat mich
abgeholt.

Partikeln

Gestern war ich in
der Stadt.
Vorgestern war ich
zu Hause.
Endlich bist du da!
Er grüßt dich *recht*
herzlich.
Er hat *sogar* schon
eine Stelle.
Anfangs habe ich
wenig verstanden.
Ich fühle mich *ein
bißchen* einsam.

Ich habe eine Deutsche
getroffen, und *so* habe
ich Deutsch gesprochen.

Zahlen

100   einhundert
119   einhundertneunzehn
1000   eintausend
1983   *als Jahreszahl*
     neunzehnhundert-
     dreiundachtzig
     als Zahl
     eintausend-
     neunhundert-
     dreiundachtzig

Wendungen

Immer war etwas los.
In Briefen
Liebe Renate, . . .
Lieber Peter, . . .
Sehr geehrter Herr Mai,
. . .
Sehr geehrte Frau Mon,
. . .
Ich habe nichts von Dir
gehört.
Laß bald von Dir
hören!
Herzlichst, Deine . . .
Alles Liebe, Dein . . .
Mit freundlichen Grüßen,
Ihre . . .

Reihe 12

Thema

Ausbildung

Texte

A Welche Ausbildung haben Sie?
B Die Fremdsprache

Grammatik

Präteritum	Hilfsverben	war	hatte
	Modalverben	wollte	konnte
		mußte	sollte
		durfte	
	Schwache Verben	sagte	wohnte
		arbeitete	machte
	Starke Verben	traf	blieb
		begann	rief
	Unregelmäßige Verben	dachte	wußte
		kannte	brachte

Das ist Helmut.
Er ist am 12. 5. 1948 geboren.
Mit sechs Jahren *kam* er in die Grundschule.
Die Grundschule *dauerte* vier Jahre.
Dann *ging* er in die Hauptschule.
Die Hauptschule *dauerte* fünf Jahre.
Er *wollte* Elektriker werden
und *mußte* eine Lehrstelle finden.
Drei Jahre *machte* er eine Lehre.
Jetzt arbeitet er bei einer Elektrofirma
in Dortmund.

160

Das ist Renate.
Sie ist am 3. 4. 1959 geboren.
Sie *ging* vier Jahre in die Grundschule.
Dann *kam* sie in die Realschule.
Die Realschule *dauerte* sechs Jahre:
Sie *wollte* Schauspielerin werden.
Aber ihre Eltern *waren* dagegen.
Sie *sollte* Arzthelferin werden.
Sie *durfte* nicht an die Schauspielschule.

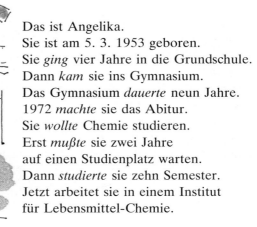

Das ist Angelika.
Sie ist am 5. 3. 1953 geboren.
Sie *ging* vier Jahre in die Grundschule.
Dann *kam* sie ins Gymnasium.
Das Gymnasium *dauerte* neun Jahre.
1972 *machte* sie das Abitur.
Sie *wollte* Chemie studieren.
Erst *mußte* sie zwei Jahre
auf einen Studienplatz warten.
Dann *studierte* sie zehn Semester.
Jetzt arbeitet sie in einem Institut
für Lebensmittel-Chemie.

Welche Ausbildung haben Sie?

Ein Interview

Journalist:	Entschuldigen Sie, darf ich Sie etwas fragen? Ich bin aus Pakistan und arbeite als Journalist.
Angelika:	Was möchten Sie denn wissen?
Journalist:	Ich interessiere mich für die Schulausbildung in der Bundesrepublik Deutschland. Welche Ausbildung haben Sie? Können Sie mir darüber etwas erzählen?
Angelika:	Ja, gern. Ich war zuerst vier Jahre in der Grundschule. Dann wollten mich meine Eltern aufs Gymnasium schicken. Ich mußte eine Prüfung machen, und die habe ich bestanden. Auf dem Gymnasium hatten wir die Fächer Deutsch, Mathematik, Physik und Englisch. Das waren Hauptfächer. Wir hatten auch noch einige Nebenfächer. 1972 machte ich das Abitur und begann mein Studium. Ich studierte Chemie – zehn Semester, d.h. fünf Jahre. Jetzt arbeite ich in einem Institut für Lebensmittel-Chemie und verdiene dort dreitausend Mark im Monat.
Journalist:	Und wie war das bei Ihnen?
Helmut:	Tja, bei mir lief das anders. Nach der Hauptschule mußte ich von unten anfangen. Zuerst die Lehre. Ich bekam damals noch wenig Geld, 150 Mark am Anfang. Dann machte ich die Gesellenprüfung und später die Meisterprüfung. So arbeitete ich mich langsam nach oben. Ich wollte ein eigenes Geschäft aufbauen, aber das klappte nicht. Jetzt bin ich bei einer Elektrofirma und verdiene 1800 Mark.
Journalist:	Warum sind Sie nicht auf das Gymnasium gegangen?
Helmut:	Ich sollte schnell einen Beruf haben, das wollten meine Eltern. So verdiente ich schon mit fünfzehn Jahren etwas Geld. Außerdem ist mein Vater Handwerker, und er dachte, sein Sohn soll auch Handwerker werden.
Angelika:	Ja, und mein Vater ist Architekt. Er hat studiert, und deshalb sollte ich auch studieren. Geld verdiente ich allerdings erst mit 25. Aber meine Eltern konnten sich das leisten . . .

Die Fremdsprache

Ein Märchen

In der Schweiz lebte einmal ein Graf. Er hatte nur einen einzigen Sohn, aber der war dumm und wollte nichts lernen. Da sprach sein Vater zu ihm: „Mein lieber Sohn, du mußt fort von hier. Ich will dich zu einem Lehrer schicken, der soll dich unterrichten. Ich möchte einen klugen Sohn!"

Der Junge zog also in eine andere Stadt und blieb ein Jahr bei dem Lehrer. Danach kam er wieder nach Hause zurück, und sein Vater fragte: „Nun, mein Sohn, du warst ein Jahr fort. Was hast du denn in dieser Zeit gelernt?" Er antwortete: „Vater, ich kann jetzt bellen wie die Hunde, ich verstehe ihre Sprache." Da rief der Graf zornig: „Was? Sonst hast du nichts gelernt? Fort von hier, du bist nicht mehr mein Sohn! Ich will dich in meinem Haus nicht mehr sehen!"

Da verließ der Junge sein Vaterhaus und wanderte viele Tage und Wochen. Einmal kam er zu einer Burg. Es war schon Abend, und er wollte die Nacht hier bleiben. „Ja," sagte der Burgherr, „da unten in dem Turm kannst du schlafen. Es ist allerdings gefährlich. Drei wilde Hunde leben dort, die fressen auch Menschen. Alle Leute haben Angst vor ihnen." Aber der Junge hatte keine Angst und ging in den Turm.

Am nächsten Morgen kam er wieder heraus und war gesund. Da sprach er zum Burgherrn: „Ich habe mit den Hunden gesprochen, ich spreche ihre Sprache. Diese Hunde waren früher Menschen. Jetzt müssen sie dort einen Schatz bewachen. Diesen Schatz sollen wir herausholen." Da freute sich der Burgherr und sagte: „Dann geh und hol den Schatz!" Der Junge stieg wieder hinunter und brachte wirklich eine Kiste Gold herauf.

Von diesem Tag an sah und hörte man die Hunde nicht mehr, und die Leute konnten wieder ohne Angst leben. Der Burgherr aber nahm den Jungen wie einen Sohn auf, und beide lebten noch lange und waren glücklich und zufrieden.

Das Präteritum

Das Präteritum von schwachen Verben

z. B. **sagen**

Was wissen Sie über diese Frau?

ich	sag **te**	Sie **wohnte** in diesem Haus.
du	sag **test**	Sie **arbeitete** als Laborantin.
er	sag **te**	Sie **heiratete** 1980.

Was wissen Sie über ihren Mann?

wir	sag **ten**	Er **spielte** oft Gitarre.
ihr	sag **tet**	Er **kochte** zu Hause.
sie	sag **ten**	Er **machte** den Haushalt.

Das Präteritum von starken Verben

z. B. **kommen**

Wer ist dieser Mann?

ich	**kam**	treffen	Ich **traf** ihn in Bern.
du	**kam st**	sitzen	Er **saß** im Park.
er	**kam**	beginnen	Er **begann** eine Unterhaltung.
		unterhalten	Ich **unterhielt** mich mit ihm.
wir	**kam en**	bleiben	Ich **blieb** eine Stunde.
ihr	**kam t**	ein/steigen	Dann **stieg** er in den Bus **ein**.
sie	**kam en**	gehen	Ich **ging** dann auch.

sehen	sah	liegen	lag	schlafen	schlief
geben	gab	tun	tat	gefallen	gefiel
sprechen	sprach			verlassen	verließ
befehlen	befahl	ziehen	zog	erhalten	erhielt
helfen	half	entschließen	entschloß	rufen	rief
stehen	stand			heißen	hieß
nehmen	nahm	fahren	fuhr	schreiben	schrieb
lesen	las				
trinken	trank			an/fangen	fing an
finden	fand				

Das Präteritum von unregelmäßigen Verben

z. B. **kennen**

ich	**kann te**	denken	Ich **dachte**, sie bleibt noch.
du	**kann test**	kennen	Ich **kannte** sie noch nicht.
er	**kann te**	wissen	Das **wußte** sie nicht.
wir	**kann ten**	bringen	Sie **brachte** ein Geschenk.
ihr	**kann tet**		
sie	**kann ten**		

Das Präteritum von haben **und** sein

ich	**hat te**	ich	**war**	Wo **wart** ihr vor zehn Jahren?
du	**hat test**	du	**war st**	Wir **waren** in Berlin.
er	**hat te**	er	**war**	Ich **war** zu dieser Zeit auch dort.
wir	**hat ten**	wir	**war en**	Ich **hatte** keine Sorgen.
ihr	**hat tet**	ihr	**war t**	**Hattest** du denn eine Stelle?
sie	**hat ten**	sie	**war en**	Ja, wir **hatten** genug Arbeit.

Das Präteritum von Modalverben

z. B. **sollen**

			Was machten Sie nach der Schule?
ich	**soll te**	wollen	Ich **wollte** gleich arbeiten.
du	**soll test**	können	Ich **konnte** aber keine Stelle finden.
er	**soll te**	müssen	Ich **mußte** ein Jahr warten.
			Warum warst du nicht da?
wir	**soll ten**	dürfen	Ich **durfte** nicht kommen.
ihr	**soll tet**	sollen	Ich **sollte** meiner Mutter helfen.
sie	**soll ten**	möchte	Ich **wollte** zu Hause bleiben.

Präteritum und Perfekt

Geschrieben: oft Präteritum; manchmal Perfekt, z. B. in Briefen.
Gesprochen: oft Perfekt; Präteritum bei Modalverben, haben, sein.

Schulen

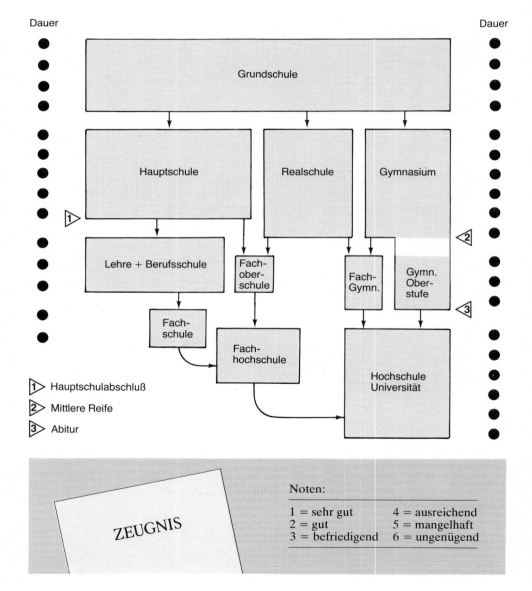

Dauer

Grundschule

Hauptschule   Realschule   Gymnasium

1 Lehre + Berufsschule

Fach-
ober-
schule

Fach-
Gymn.

Gymn.
Ober-
stufe

2

3

Fach-
schule

Fach-
hochschule

Hochschule
Universität

1 Hauptschulabschluß

2 Mittlere Reife

3 Abitur

ZEUGNIS

Noten:

1 = sehr gut	4 = ausreichend
2 = gut	5 = mangelhaft
3 = befriedigend	6 = ungenügend

Partnerübungen

1 🔡 **Präteritum von** haben **und** sein

Partner 1
Wo war *Peter* gestern um vier?
Und vorgestern? Wo war er da?

Partner 2
Er war *im Büro.*
Da hatte er *einen Termin.*

Peter – im Büro – einen Termin	Du – beim Arzt – eine Vorlesung
Ihr – im Kino – eine Einladung	Inge und Eva – bei mir – einen Sprachkurs

2 🔡 **Präteritum von Modalverben**

Partner 1: Warum bist du gestern nicht mitgekommen?
Partner 2: Ich _____ nicht.
Partner 1: Wer hat das gesagt?
Partner 2: Meine Eltern. Ich _____ zu Hause bleiben und _____
für die Prüfung lernen.
Partner 1: Ach so! Wir dachten, du _____ nicht mitkommen.
Partner 2: Nein, nein, ich _____ leider nicht.

> können
> sollen
> wollen
> dürfen
> müssen

3 🔡 **Präteritum von starken und unregelmäßigen Verben**

Partner 1: Wie _____ es dir gestern in der Prüfung?   *gehen*
Partner 2: Ganz gut. Ich _____ sie leicht.   *finden*
Partner 1: Wirklich? Ich _____ viele Wörter nicht.   *wissen*
          Heinz auch nicht. Der _____ neben mir.   *sitzen*
Partner 2: Tja, ich _____ mein Wörterbuch und   *nehmen*
          _____ ein paar Minuten draußen auf dem Flur. *bleiben*
          Dann _____ ich jedes Wort.   *kennen*
Partner 1: Ach so! Und ich _____, du fühlst dich nicht wohl! *denken*

4 👥 Meine Schulzeit

	Partner 1	Partner 2
kommen	Wann _____ Sie in die Schule?	_____ .
sein	In welcher Stadt _____ das?	_____ .
sein	Wie lange _____ Sie in dieser Schule?	_____ .
gehen	Wann _____ Sie ans Gymnasium?	_____ .
haben	Welche Fächer _____ Sie dort?	_____ .
bleiben	Wie viele Jahre _____ Sie an dieser Schule?	_____ .
wollen	Was _____ Sie nach der Schule machen?	_____ .
können	_____ Sie studieren?	_____ .
finden	Wie _____ Sie Ihre Lehrer?	_____ .

5 👥 🔊 Präteritum und Perfekt

Partner 1: Anfangs arbeitete ich in Göttingen.
Partner 2: Ich habe anfangs auch in Göttingen gearbeitet.

Ich arbeite in Göttingen.
Ich wohne bei einer Familie.
Ich verstehe nur wenig Deutsch.
Mir gefällt die Stadt nicht.
Ich bekomme viele Briefe.
Ich lerne sehr viel.
Ich gehe nicht oft aus.
Ich bleibe abends zu Hause.
Ich treffe mich nicht oft mit Freunden.
Ich brauche viel Zeit für meine Arbeit.
Ich verdiene sehr wenig.
Ich fühle mich nicht sehr wohl.

6 Fragen zum Märchen

	Partner 1	Partner 2
leben	Wo _____ der Graf?	_____ .
haben	Wie viele Kinder _____ er?	_____ .
denken	Was _____ er von seinem Sohn?	_____ .
sagen	Was _____ er zu ihm?	_____ .
bleiben	Wie lange _____ der Sohn weg?	_____ .
lernen	Was _____ er bei seinem Lehrer?	_____ .
tun	Was _____ der Vater?	_____ .
machen	Was _____ der Sohn?	_____ .
kommen	Wohin _____ er?	_____ .
sein	Warum _____ die Burg gefährlich?	_____ .
müssen	Was _____ die Hunde bewachen?	_____ .
holen	Was _____ der Junge aus dem Turm?	_____ .

7 Tag, Monat, Jahr: das Datum

Partner 1: Der wievielte ist heute?

Partner 2: Heute ist der *sechste*.

Partner 1: Der sechste? Hast du nicht am siebten Geburtstag?

Partner 2: Richtig! Das hast du also nicht vergessen?

Partner 1: Nein, nein. Aber in welchem Jahr bist du geboren?

Partner 2: Überleg mal!

Partner 1: *54*? Stimmt das?

Partner 2: Ja, ich bin am siebten *November* 1954 (neunzehnhundertvierundfünf-
zig) geboren.

6. 11. 1954	20. 6. 1959	6. 8. 1957
5. 12. 1947	1. 10. 1962	28. 1. 1960
11. 3. 1955	19. 2. 1949	23. 4. 1962

Schriftliche Übungen

1 ✎ Der Mann von gegenüber

Wir _____ damals in Wasserburg. Gegenüber von uns, in der Parkstraße, _____ ein Mann. Ich kannte seinen Tageslauf ganz gut. Jeden Morgen _____ er zuerst eine Stunde sein Zimmer _____, dann _____ er einige Sachen _____ und _____. Mittags _____ er das Essen auf den Tisch, _____ Getränke und _____ sich. Er _____ meist zwei Stunden für das Mittagessen. Nachmittags saß er oft vor dem Haus und _____. Niemand _____ sich um ihn, aber er _____ sich sehr für andere Leute. Er _____ immer sehr freundlich und _____ uns Kindern viel von seiner Schulzeit. Mir _____ er manchmal etwas zum Spielen. Ich mochte ihn wirklich sehr gern. Abends _____ er dann alle Fenster _____ und _____ sich ins Bett.

| legen |
| kümmern |
| malen |
| grüßen |
| interessieren |
| erzählen |
| leben |
| holen |
| wohnen |
| schenken |
| auf/machen |
| brauchen |
| setzen |
| ein/kaufen |
| kochen |
| stellen |
| auf/räumen |

2 ✎ Damals . . .

Schreiben Sie eine Erzählung (→ Schriftliche Übung 1)!
Fangen Sie so an:
Wir lebten damals in . . . .

3 ✎ Lebenslauf

Schreiben Sie Ihren Lebenslauf!

Geboren	wann?	Schulen	wo? wie lange?
Geburtsort	wo?	Universität	wo? wie lange?
Eltern	wo? Beruf?	Arbeit	wo? wann? als was?

📖 Kontrollübung

treffen	Vor einigen Jahren _____ ich im Bus eine	traf
heißen	Griechin. Sie _____ Antigoni.	hieß
kommen	Sie _____ aus Athen und	kam
leben	_____ damals in Bremen.	lebte
unterhalten	Ich _____ mich mit ihr.	unterhielt
sprechen	Sie _____ sehr gut Deutsch	sprach
erzählen	und _____ von ihrem Leben.	erzählte
arbeiten	Fünf Jahre _____ sie in einem Restau-	arbeitete
kennenlernen	rant in Bremen. Dort _____ sie einen	lernte
	Deutschen _____, und schließlich	kennen
heiraten	_____ sie ihn.	heiratete
bekommen	Ihr Mann _____ dann eine neue Stelle,	bekam
gehen	und sie _____ zusammen nach Mün-	gingen
wollen	chen. Aber sie _____ nicht dort blei-	wollte
haben	ben, sie _____ keine Arbeit, und es	hatte
gefallen	_____ ihr nicht.	gefiel
besuchen	Später _____ sie Verwandte in Bre-	besuchte
wollen	men, sie _____ dort wieder eine Stelle	wollte
sein	finden. Es _____ zu dieser Zeit sehr	war
geben	schwierig. Ich _____ ihr meine Adres-	gab
sagen/sollen	se und _____, sie _____ mich mal	sagte – sollte
anrufen	anrufen. Zwei Wochen später _____	rief
leid tun	sie mich _____. Es _____ mir _____,	an – tat – leid
können	aber ich _____ ihr nicht helfen. Dann	konnte
hören	_____ ich nichts mehr von ihr. Ge-	hörte
sehen	stern _____ ich ihr Foto in einer Zei-	sah
sein	tung. Ich _____ natürlich sehr neugierig	war
kaufen	und _____ die Zeitung. In der U-Bahn	kaufte
lesen	_____ ich sie dann: „Die Griechin	las
	Antigoni Valaitis …"	

Verben

Er *ist* 1948 *geboren*.
Er *baut* ein Geschäft *auf*.
Wir *sind dagegen*.
Er *zieht in* eine andere Stadt.
Da *ruft* der Vater: . . .
Der Junge *antwortet*.
Er *verläßt* die Heimat.
Er *wandert* viele Wochen.
Die Hunde *bellen*.
Sie *fressen* viel.
Sie *bewachen* das Haus.
Der Graf *nimmt* ihn *auf*.

Nomen

e Grundschule, –n
e Hauptschule, –n
e Realschule, –n
s Gymnasium, Gymnasien
s Abitur
r Studienplatz, ̈-e
e Ausbildung
s Fach, ̈-er
e Physik
e Mathematik
e Chemie
s Hauptfach, ̈-er
s Nebenfach, ̈-er
e Lehrstelle, –n
r Geselle, –n
r Handwerker, –
e Elektrofirma

e Firma, Firmen
e Lehre
r Meister, –
e Arzthelferin, –nen
e Schauspielerin, –nen
r Architekt, –en
s Interview, –s
Pakistan
r Graf, –en
r Junge, –n
r Hund, –e
e Burg, –en
r Turm, ̈-e
e Nacht, ̈-e
r Mensch, –en
r Schatz, ̈-e
e Kiste, –n
s Gold
e Fremdsprache, –n
s Märchen, –

Präpositionen

Mit sechs kam er in die Schule.
Er verdient 3000 Mark *im* Monat.
Von diesem Tag *an* war er fort.

Konjunktion

Er kann bellen *wie* die Hunde.

Adjektive

Er hat ein *eigenes* Geschäft.
Er hat einen *einzigen* Sohn.

Der Sohn ist *dumm*.
Er ist nicht *klug*.
Er ging in eine *andere* Stadt.
Der Vater ist *zornig*.
Die Hunde sind *wild*.
Sie sind *gefährlich*.

Artikelwort

Beide lebten noch lange.

Partikeln

Außerdem ist er Handwerker.
Er ist *allerdings* erst 25.
Dort lebte *einmal* ein Graf.
Früher wohnte er hier.
Der Sohn ging *fort*.
Danach kam er zurück.
Er stieg in den Turm *hinunter*.
Er kam wieder *heraus*.
Er kam wieder *herauf*.
Wo wohnten Sie *damals*?

Wendungen

Heute klappt nichts.
d.h. (das heißt)
Bei mir läuft das anders.
Ich arbeitete mich nach oben.
Nun, was hast du gelernt?

Reihe 13

Thema

Erziehung · Jugend

Dialoge

A Sind Sie gegen harte Strafen?
B Woher hast du so viel Geld?

Grammatik

Adjektive	mit Endung	ein erwachsener Sohn
		eine strenge Mutter
		ein selbständiges Mädchen
	ohne Endung	Der Sohn ist erwachsen.
		Das Mädchen ist selbständig.

Fragewörter	Welcher?	Wie ist . . .?
	Welche?	
	Welches?	

Wortbildung	–ig	–lich	un–
	–isch	–sam	

Herr Jäger hat einen *kleinen* Laden.
Er verkauft Lebensmittel: Getränke, Obst, Brot.
Im Laden hilft die *ganze* Familie mit.
Herr Jäger ist ein *strenger* Vater,
er möchte *gehorsame* Kinder.
Ungehorsame Kinder – sagt er – muß man bestrafen.
Auch als Chef ist er *streng* und verlangt *viel.*
Aber seine Kinder suchen jetzt eine *andere* Arbeit,
denn sie wollen weg von zu Hause.

Herr Leitner arbeitet in einer *großen* Fabrik.
Er hat dort eine sehr *schwere* Arbeit.
Abends ist er *müde* und setzt sich vor den Fernseher.
Seine Frau ist ebenfalls *berufstätig*.
Beide haben daher *wenig* Zeit für die Kinder.
Kurt ist schon *erwachsen,* er hat eine *eigene* Wohnung.
Angela ist mit sechzehn auch schon sehr *selbständig*.
Sie hat *viele* Freundinnen und geht oft aus.

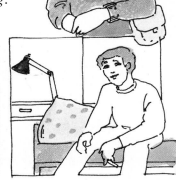

Herr und Frau Schwab arbeiten als Grafiker.
Sie sind noch *jung* und diskutieren *viel* mit ihren Kindern.
Karl ist seit *mehreren* Monaten ziemlich *faul*
und bekommt in der Schule *schlechte* Noten.
Seine Eltern führen immer wieder *lange* Gespräche mit ihm,
denn *harte* Strafen finden sie nicht *richtig*.
Renate ist ein *fleißiges* und *hilfsbereites* Mädchen.
Mit ihr haben die Eltern keine *großen* Sorgen.

175

Sind Sie gegen harte Strafen?

Frau Jäger: Tag, Frau Schwab, wie geht's? Ich habe Sie in den letzten Tagen gar nicht gesehen. Waren Sie krank?

Frau Schwab: Nein, mein Mann hat eine kurze Reise gemacht. Beruflich, wissen Sie. Da bin ich mitgefahren.

Frau Jäger: Ach so. Und Ihre Kinder waren in der Zeit allein zu Hause?

Frau Schwab: Ja. Die waren gar nicht traurig darüber.

Frau Jäger: Das kann ich mir denken. – Übrigens: Renate ist in der letzten Zeit oft mit Ausländern ausgegangen. Wissen Sie das?

Frau Schwab: Ja ja, das sind ihre portugiesischen Freunde. Keine Angst, Renate ist ein vernünftiges Mädchen.

Frau Jäger: Na ja, Sie sind eben für moderne Erziehung! Meiner Ilse habe ich so etwas ja nie erlaubt. – Und Karl? Macht er Ihnen immer noch so viele Sorgen?

Frau Schwab: Ja, leider! Die Schule macht ihm einfach keinen Spaß. Den ganzen Tag hört er immer nur diese laute Musik!

Frau Jäger: Ich sage Ihnen, da helfen nur harte Strafen! Unser Erich, der muß bei uns im Geschäft fleißig mitarbeiten, sonst bekommt er nichts. Für den letzten Monat hat er nur den halben Lohn bekommen . . .

Frau Schwab: So so.
                        Ich habe gehört, er will sich jetzt woanders eine Stelle suchen?

Frau Jäger: Ja, stellen Sie sich das vor! Also ich kann die heutige Jugend nicht verstehen . . .

Frau Schwab: Sehen Sie, deshalb bin ich gegen harte Strafen!

Frau Jäger: Haben Sie denn mit Ihrer modernen Erziehung etwas erreicht bei Ihrem Sohn?

Frau Schwab: Trotzdem! Ich glaube, Kinder brauchen verständnisvolle und geduldige Eltern.

Woher hast du so viel Geld?

Angela: Hallo Kurt! Nimmst du mich mit zu einem kleinen Ausflug?

Kurt: Ja, warum nicht? Ich wollte dir sowieso mein neues Motorrad zeigen. Mein altes habe ich verkauft.

Angela: Was? Ist das schon wieder ein neues? Woher hast du eigentlich immer so viel Geld?

Kurt: Ach, so teuer war es gar nicht. Es war ein guter Kauf.

Angela: Ich finde, du gibst dafür zu viel Geld aus.

Kurt: Du redest genau wie Vater! Immer soll ich sparen, für später . . .

Angela: Tja, wir haben eben einen strengen Vater!

Kurt: Aber mit seiner lieben Tocher ist Vater gar nicht so streng! Dir gibt er doch genug Taschengeld . . .

Angela: Na und? Ich brauche ja manchmal neue Kleider!

Kurt: Manchmal? Fast jeden Tag kaufst du dir etwas! Mal kommst du mit neuen Schuhen nach Hause, mal brauchst du eine neue Jacke, dann siehst du wieder einen schicken Mantel – und unser lieber, strenger Papa sagt kein Wort!

Angela: Warum soll er etwas dagegen sagen? Schicke Sachen gefallen ihm eben. Deinen Freunden übrigens auch!

Kurt: Denen schon. Aber Mama ist damit nicht einverstanden.

Angela: Ich weiß schon. Sie sagt, ich bin faul und denke nur ans Vergnügen.

Kurt: Na, das stimmt doch auch!

Angela: Jetzt reicht's aber! Du kannst dein ganzes Geld fürs Motorrad ausgeben, und trotzdem ist Mama stolz auf dich – auf den fleißigen und intelligenten Sohn.

Kurt: Und du? Du kannst dein ganzes Geld für Kleidung ausgeben. Trotzdem ist Vater zufrieden mit dir – mit seiner hübschen und intelligenten Tochter.

Angela: Warum streiten wir eigentlich? Wir wollten doch einen Ausflug machen! Komm, fahren wir!

Die Adjektivendungen

Im Singular nach den Artikelwörtern   der   jeder
    dieser   mancher
    welcher

	maskulin	*feminin*	*neutrum*
Nom	**der neu** e Kollege	**die ganz** e Familie	**das alt** e Büro
Akk	**den neu** en Kollegen	**die ganz** e Familie	**das alt** e Büro
Dat	**dem neu** en Kollegen	**der ganz** en Familie	**dem alt** en Büro

Im Singular nach den Artikelwörtern   ein   mein   dein   sein
    kein   unser   euer   ihr

	maskulin	*feminin*	*neutrum*
Nom	**ein neu** er Kollege	**eine ganz** e Familie	**ein alt** es Büro
Akk	**einen neu** en Kollegen	**eine ganz** e Familie	**ein alt** es Büro
Dat	**einem neu** en Kollegen	**einer ganz** en Familie	**einem alt** en Büro

Im Singular ohne Artikelwort

	maskulin	*feminin*	*neutrum*
Nom	**gut** er Wein	**gut** e Musik	**gut** es Bier
Akk	**gut** en Wein	**gut** e Musik	**gut** es Bier
Dat	**gut** em Wein	**gut** er Musik	**gut** em Bier

Im Plural nach Artikelwörtern   **Im Plural ohne Artikelwort**
und nach alle, manche, solche   **und nach** zwei, drei, vier, . . .
                                 viele, einige, wenige; andere, mehrere

Nom	**die jung** en Leute		Nom	**jung** e Leute	
Akk	**die jung** en Leute		Akk	**jung** e Leute	
Dat	**den jung** en Leuten		Dat	**jung** en Leuten	

Adjektive im Satz

Adjektive mit Endung

Angela führt **ein selbständiges Leben**.
Sie hat **eine berufstätige Mutter** und **einen erwachsenen Bruder**.

Adjektive ohne Endung

Angela **ist** sehr **selbständig**.
Ihre Mutter **ist berufstätig**. Ihr Bruder **ist** schon **erwachsen**.

Fragewörter

Was für ein	Wörterbuch wollen Sie?	– Ein deutsch-japanisches.
Welches	möchten Sie?	– Ich nehme das große.
Wie	ist das Wörterbuch?	– Sehr gut.

Adjektive mit Präpositionen

Akkusativ   Sie ist **stolz auf** ihren Sohn.
              Sie ist **froh über** die Nachricht.

Dativ   Sie ist **streng mit** ihrer Tochter.
              Sie ist **frei von** Sorgen.

Wortbildung

schnell	lust **ig**	künstler **isch**	freund **lich**	unterhalt **sam**
gut	zorn **ig**	techn **isch**	sport **lich**	spar **sam**
froh	einz **ig**	erzieher **isch**	beruf **lich**	lang **sam**
hart	bill **ig**	engl **isch**	täg **lich**	gehor **sam**

Adjektive von Verben   verliebt, verheiratet, geschieden

Negation mit un-   unverheiratet, unglücklich, unmöglich

179

Jugend und Erziehung

Einige Meinungen über Erziehung

Herr Riedel:
,,Ich finde, Kinder müssen immer gehorsam sein. Ein gut erzogenes Kind gehorcht eben seinen Eltern. Nur so ist ein glückliches Familienleben möglich. Gehorsame Kinder haben auch in ihrem späteren Leben keine Probleme, sie können dann gut mit anderen Menschen zusammenarbeiten."

Frau Lange:
,,Meine Meinung ist: Die Eltern sollen auch auf ihr Kind hören. Sie müssen sich viel Zeit nehmen, mit ihm spielen und sich mit ihm beschäftigen. Natürlich können die Eltern auch einmal nein sagen, aber dann sollen sie mit ihren Kindern über diese Entscheidung diskutieren. Auch Eltern haben nicht immer recht."

Herr Müller:
,,Kinder brauchen ein freies Leben. Daran müssen sich die Eltern gewöhnen. Man darf seinen Kindern nichts verbieten, man muß ihnen alles geben und deshalb auf vieles verzichten. Nur frei erzogene Kinder können später glückliche Erwachsene werden."

Welche Meinung finden Sie richtig? Wie ist Erziehung in Ihrem Land?

Was heißt ,,selbständig"?

In manchen Familien sind der Vater und die Mutter berufstätig. Deshalb sehen viele Kinder und Jugendliche ihre Eltern tagsüber nicht. Vormittags gehen sie in die Schule und nachmittags sind sie allein zu Hause oder treffen sich mit ihren Freunden.

Im Alter von 16 bis 20 Jahren verdienen viele Jugendliche schon ihr eigenes Geld. Manche wollen dann weg von ihren Eltern. Sie wollen in eine eigene Wohnung ziehen und selbständig leben. Aber damit sind manche Eltern nicht einverstanden.

Wie denken Sie darüber? Ist das in Ihrem Land anders?

Eine Übersetzung für die neuen Wörter finden Sie in Ihrem Glossar!

Partnerübungen

1 👥 Adjektive im Nominativ

Partner 1   Partner 2

Wie finden Sie diesen *Jungen*?   Er ist sehr *fleißig*.
Ja, er ist wirklich ein fleißiger Junge.

Junge	Mann	Kind		fleißig	hilfsbereit
Mädchen	Frau			streng	gehorsam
				faul	freundlich
				klug	neugierig
				lustig	selbständig

2 👥💿 Adjektive im Nominativ und Akkusativ

Partner 1: Herr Zenk, das ist der neue *Kollege*.
Partner 2: Ein neuer Kollege? Davon weiß ich nichts.
Partner 1: Sie wissen nichts davon?
              Seit gestern haben wir einen neuen Kollegen.

Kollege	Chef	Kollegin	zwei Mitarbeiter
Büro	Zimmer	Techniker	zwei Zimmer

3 👥 Adjektive im Dativ; Fragewörter

Partner 1: Wie heißt denn dieser *Herr* da? Kennen Sie ihn?
Partner 2: Welcher Herr denn? Wen meinen Sie?
Partner 1: Na, den mit der *grünen Jacke*!
Partner 2: Ach so, der! Nein, den kenne ich nicht.

der Herr	– die grüne Jacke		der Herr	– die roten Schuhe
die Frau	– das schicke Kleid		die Frau	– der kleine Mann
der Herr	– der lange Schal		das Kind	– das grüne Hemd

4   Adjektive im Nominativ und Akkusativ

Partner 1: Gehört Ihnen dieser *Kugelschreiber*?
Partner 2: Welcher?
Partner 1: Der *rote* da, dort auf dem Tisch!
Partner 2: Nein, ich habe keinen roten Kugelschreiber.

Kugelschreiber – rot	Pullover – blau	Jacke – braun
Fotoalbum – grün	Kassetten – gelb	Bluse – weiß

5   Beim Einkauf

Partner 1: Welchen *Mantel* wollen Sie denn jetzt?
Den *grauen* oder den *blauen*?
Partner 2: Der blaue gefällt mir.
Aber es ist ein ziemlich teurer Mantel.
Partner 1: Na, ich weiß nicht . . .
Von einem guten Mantel haben Sie doch mehr.
Partner 2: Das ist schon richtig,
aber ich habe nicht genug Geld!
Partner 1: Dann nehmen Sie eben den grauen.
Partner 2: Der graue gefällt mir aber nicht!

der Mantel	– grau	– blau	das Kleid	– rot	– grün
die Schuhe	– schwarz	– braun	die Bluse	– weiß	– gelb
die Hose	– blau	– schwarz	der Pullover	– braun	– grün

6   Bedeutung der Adjektive

[handwritten: meaning]

Partner 1:   Ich habe gehört, Frau Meier ist sehr *geduldig*.
            Stimmt das?

Partner 2:   Ja, das stimmt.
            Sie ärgert sich nicht so schnell über etwas.

Partner 1:   Ich arbeite | gern / nicht gern | mit geduldigen Leuten.

[handwritten: patient]

geduldig	dem Chef immer gehorchen *[handwritten: obey]*
selbständig	sich nicht so schnell über etwas ärgern
streng	viel wissen und viel können
gehorsam	von anderen Leuten viel verlangen *[handwritten: demand]*
hilfsbereit	gern allein entscheiden
intelligent	jede Entscheidung genau überlegen
fleißig	anderen gern helfen
verständnisvoll	viel lernen und arbeiten
vernünftig	die Probleme von anderen gut verstehen

[handwritten left margin: obstinate]

7   Adjektive nach unbestimmten Zahlwörtern

Partner 1: *Einige* junge Leute haben noch lange diskutiert.
Partner 2: Worüber denn?
Partner 1: Über Erziehung.
Partner 2: Und was haben sie gesagt?
Partner 1: *Einige* ausländische Studenten waren mit den Deutschen nicht einver-
            standen.
Partner 2: Das kann ich mir denken.
            In anderen Ländern haben die Leute eben eine andere Meinung über
            Erziehung.

einige   viele   mehrere   manche   alle

Schriftliche Übungen

1　✎　Welche Endung ist richtig?

——— Gertrud,
ich hatte gerade ein _langes_ Gespräch mit meinem
Sohn. Er macht mir __e__ Sorgen! Sein ———
das Zeugnis war wirklich ———, aber er sitzt den
——— Tag zu Hause und hört ——— Musik! Er
war ja nie ein sehr ——— Schüler, aber früher
kam er doch immer mit ——— Noten nach Hause.
Mit seinem ——— Klassenlehrer ist er nicht
———, und der Lehrer natürlich auch nicht mit
diesem ——— Schüler! – Jetzt habe ich eine
——— Bitte: Kannst Du ihm vielleicht mal einen
——— Brief schreiben? Es ist ja ———, aber mir,
seiner ——— Mutter, gehorcht er einfach nicht
mehr.
Mit ——— Grüßen　　　　　　　Deine Paula

lieb _e_
lang _es_
groß – letzt _es_
schlecht
ganz – laut _e_
fleißig _er_
gut _en_
neu _en_
zufrieden
faul _en_
groß _e_
kurz _en_ – schlimm
eigen _en_

herzlich _en_

2　✎　Welches Adjektiv paßt zu welchem Satz?

Der Graf und sein Sohn

Ich möchte jetzt ein _altes_ Märchen erzählen. Es war einmal ein Graf, der hatte einen _dummen_ Sohn. Er konnte natürlich
nicht _stolz_ auf ihn sein, er wollte ein _klugen_ Sohn. Deshalb
schickte er ihn zu ein _em guten_ Lehrer. Aber der Sohn lernte
dort nur die Sprache von Hunden verstehen. Sein Vater war
darüber _zornig_, und der Sohn mußte von zu Hause fort.
Nach _vielen_ Monaten kam er zu einem Burgherrn. Dort mußte er bei drei _wilden_ Hunden in einem Turm wohnen. Zu dem
Grafensohn waren die Hunde aber _freundlich_, er konnte ja mit
ihnen sprechen. Sie erzählten ihm von ein _em großen_ Schatz
im Turm. Er holte den Schatz heraus. Der Burgherr war sehr
glücklich und nahm den Grafensohn wie ein _en eigenen_ Sohn bei
sich auf.

gut
zornig
klug
viel
stolz _proud_
dumm
wild
alt
eigen _own_
glücklich _happy_
freundlich
groß

📖 Kontrollübung *(handwritten: Lösung)*

Werner hat eine sehr hübsche Schwester.	–e, –e
Einige gute Freunde von ihm laden sie oft ein.	–e, –e
Brigitte ist ein wirklich lustiges Mädchen.	–, –es
Sie ist auch eine sehr hilfsbereite Tochter.	–e, –e
Aber ihre strengen Eltern sind nicht zufrieden.	–e, –en
Am letzten Donnerstag war sie nicht zu Hause.	–en
Sie ist mit mehreren neuen Freunden weggefahren.	–en, –en
Es war wirklich ein sehr lustiger Ausflug. *der*	–, –er
Am späten Abend kam sie dann zurück.	–en
Ihr Vater wartete schon. Er war sehr zornig:	–
Wo warst du den ganzen Nachmittag und Abend?	–en, –en
Was denken die anderen Leute von dir?	–en
Brigitte bekam eine sehr harte Strafe. *(handwritten: punishment)*	–e, –e
Leider hat sie einen zu strengen Vater.	–en, –en
Sie muß auf manches schöne Vergnügen verzichten. →	–es, –e
Sie wünscht sich verständnisvolle Eltern.	–e
Sie ist schon berufstätig,	–
aber sie ist noch kein selbständiges Mädchen.	–, –es
Viele junge Mädchen haben solche Probleme.	–e, –e
Werner ist in der Familie der einzige Sohn.	–er, –e
Er hat nicht die gleichen großen Sorgen,	–ie, –en, –en
denn die Mutter liebt ihren einzigen Jungen.	–en, –en
Werner ist ein ziemlich fauler Schüler	–er
und hat in der Schule oft schlechte Noten.	–e
Er ist gern bei seiner hübschen Freundin	–er, –en
und kümmert sich nicht um die Schule.	–ie
Sein Vater ist damit natürlich nicht zufrieden.	–
Die Lehrer sagen, er braucht geduldige Eltern.	–e
Nur das hilft ihm für sein späteres Leben.	–, –es

Verben

Herr Jäger *verkauft*
Lebensmittel.
Der Vater *bestraft*
seinen Sohn.
Er *verlangt* viel von
ihm.
Sie *führen* lange
Gespräche.
Mit Strafen *erreicht*
man nichts.
Strafen *helfen* nicht.
Sie *ist für (gegen)*
Strafen.
Ich *glaube*, er hat
recht.
Angela und Kurt
streiten manchmal.
Er *gibt* zu viel Geld
aus.
Er *zeigt* ihr sein
Motorrad.
Sie *redet* wie Vater.

Nomen

e Erziehung
e Strafe, –n
e Jugend
s Taschengeld
r Lohn, –̈e
r Laden, –̈
s Obst
s Brot
s Gespräch, –e
r Kauf, –̈e

s Mädchen, –
s Kleid, –er
e Kleidung
r Mantel, –̈
r Schuh, –e
e Fabrik, –en
r Chef, –s
s Motorrad, –̈er
s Vergnügen
r Grafiker, –
r Ausländer, –
r Papa, –s
e Mama, –s
e Note, –n

Adjektive

streng
gehorsam
fleißig
faul
selbständig
hilfsbereit
vernünftig
intelligent
geduldig
hübsch
schick
modern
traurig
stolz
schlecht
klein
schwer

laut
müde
kurz
hart
richtig
erwachsen
beruflich
berufstätig
verständnisvoll
heutig
portugiesisch

Artikelwort

Die Arbeit dauerte
mehrere Wochen.

Partikeln

Die Kinder wollen *weg*.
Er ist *ziemlich* faul.
Die Mutter arbeitet
ebenfalls.
Sie ist *gar nicht*
streng.
Ich habe das *nie*
erlaubt.
Das macht *einfach*
keinen Spaß.
Er arbeitet *woanders*.
Du bist *genau* wie er.

Wendungen

Er sagt kein Wort.
So so.

Reihe 14

Thema

Deutschsprachige Länder · Europa

Texte

A Wo war es am schönsten?
B Der Hund meiner Nachbarin

Grammatik

Komparation	so jung wie
	jünger als
	am jüngsten
Genitiv	meines Bruders
	meiner Frau
	meines Kindes
Wortbildung	die Einwohnerzahl
	die Einladung
	die Möglichkeit

Deutsch ist die Muttersprache von mehr als 100 Millionen Menschen.
Man spricht sie vor allem in drei Ländern:
in Deutschland,
in Österreich und in der Schweiz.

Von 1949 bis 1990 gab es zwei deutsche Staaten:
die Bundesrepublik Deutschland
und die Deutsche Demokratische Republik (DDR).

Die Bundesrepublik hatte eine Fläche von 248 000 Quadratkilometern.
Sie war also ungefähr halb *so groß wie* Frankreich.
Aber sie hatte eine *höhere* Einwohnerzahl: 63 Millionen.
Wirtschaftlich war sie eine der *größten* Industrienationen der Welt,
aber ihre Hauptstadt, Bonn, war eine der *kleinsten* Europas.

Die DDR hatte eine Fläche von 108 000 Quadratkilometern.
Sie war also ungefähr halb *so groß wie* die frühere Bundesrepublik.
Die Zahl der Einwohner in der DDR betrug 16 Millionen.
Sie hatte den *höchsten* Lebensstandard aller osteuropäischen Länder.
Hauptstadt der DDR war Berlin.

Die Hauptstadt *Österreichs* ist Wien.
Wien ist eine Stadt *der Musik, des Theaters* und *der Kunst.*
Viele *der berühmtesten Komponisten* lebten dort.
Österreich gehört zu den beliebtesten Urlaubsländern:
Es hat 7,5 Millionen Einwohner, und jährlich kommen 14 Mill. Touristen.

Die Schweiz, mit der Hauptstadt Bern, ist eines *der reichsten Länder.*
Es ist ein sehr kleines Land, mit einer Bevölkerung von 6,4 Millionen.
Von ihnen sprechen etwa zwei Drittel Deutsch als Muttersprache.
Viele Urlauber finden die Schweiz am schönsten – und am teuersten!
Die Produkte *der Schweizer Industrie* sind weltbekannt.

188

Wo war es am schönsten?

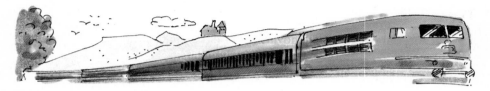

Deutsche: Entschuldigen Sie, ist hier noch ein Platz frei?

Ausländer: Ja, bitte! – Moment, ich helfe Ihnen mit Ihrem Gepäck.

Deutsche: Oh, vielen Dank! Das ist sehr freundlich von Ihnen. Man nimmt immer mehr Gepäck mit als man braucht. Sie haben weniger Gepäck. Machen Sie nur eine kurze Reise?

Ausländer: Ja, ich fahre nur bis Frankfurt. Ich arbeite dort.

Deutsche: Ach, Sie arbeiten in Frankfurt! Wie lange schon?

Ausländer: Seit eineinhalb Jahren bin ich in Europa, die meiste Zeit in Frankfurt. Aber ich war auch einige Monate in der Schweiz. Und zwei Wochen in Österreich. Am ersten März reise ich nach Indonesien zurück.

Deutsche: Dann haben Sie ja viel gesehen. Sagen Sie mal, welches Land hat Ihnen am besten gefallen?

Ausländer: Das kann man nicht so einfach sagen. Am interessantesten war für mich Frankfurt. Ich habe dort in einer Firma gearbeitet und die neuesten technischen Entwicklungen kennengelernt. Landschaftlich am schönsten finde ich die Schweiz, so viele Berge und Seen – es ist wirklich herrlich dort! Aber die Sprache – das ist ein Problem für Ausländer. Den Schweizer Dialekt konnte ich überhaupt nicht verstehen.

Deutsche: Das ist kein Wunder! Die meisten Deutschen verstehen ihn auch nicht; für die Schweizer ist Hochdeutsch fast wie eine Fremdsprache. – Und wie hat Ihnen Österreich gefallen?

Ausländer: Auch sehr gut. Ich war im November zwei Wochen in Wien. Die Leute dort sind sehr nett und freundlich – vor allem zu Ausländern. Ich habe in Wien am leichtesten und schnellsten Kontakt gefunden. In der Bundesrepublik haben es Ausländer nicht so leicht wie in Österreich . . .

Deutsche: Nun, Sie haben alle diese deutschsprachigen Länder gesehen. In welchem Land möchten Sie am liebsten leben?

Ausländer: Tja . . . am liebsten in Indonesien – es ist meine Heimat.

Lieber Fred,

jetzt, nach einem Jahr, fühle ich mich bei Euch Deutschen fremder als in den
ersten vier Monaten. Nachts kann ich oft nicht schlafen und bin krank vor Heimweh. Warum? Ich habe mein Essen, mein Zimmer - mir geht es besser als den
meisten Leuten in meiner Heimat. Aber trotzdem...

Vor einigen Wochen besuchten mich zwei Landsleute. Natürlich waren wir fröhlich,
wir lachten, wir hörten Musik - Musik aus unserer Heimat. Da klopfte jemand an
die Tür. Es war Frau Grimm von nebenan, sie schimpfte wegen des Lärms. Wir
feiern - warum ärgern sie sich? Den zwei Kindern im dritten Stock geht es auch
so. Manchmal spielen sie im Haus, dann rufen die Hausbewohner: "Ruhe! Macht
keinen solchen Lärm! Hier könnt ihr nicht spielen!"

Nur der Hund von Frau Scheuerlein darf bellen - da beklagt sich niemand.
Anfangs konnte ich es nicht glauben, aber er hat wirklich einen Namen: Leo
heißt er. Leo bekommt jeden Tag Fleisch aus der Dose. Eine Dose kostet vier
Mark fünfzig. Ich denke an die Kinder in meiner Heimat: was bekommen sie?
Nachmittags geht Frau Scheuerlein mit Leo spazieren und unterhält sich sehr
liebevoll mit ihm. Was sagt sie nur zu ihm? Versteht er sie? Mich jedenfalls
mögen beide nicht, weder der Hund noch die Frau. Der Hund bellt mich an, und
die Frau grüßt mich nicht. Was habe ich denn getan?

Der Hund muß sich auch nicht um deutsche Sauberkeit kümmern. Bei mir ist das
anders: Ich mache die Haustür auf, da steht schon Frau Knies mit dem Putzlappen und schaut nicht auf mich, sondern auf meine Schuhe. Diese Sauberkeit
der Deutschen ist wirklich schon fast eine Krankheit! Und jede Woche dann das
Familienfest: das Auto waschen! Warum nehmen sich die Deutschen mehr Zeit für
ihre Autos als für ihre Nachbarn und Freunde?

Ich verstehe das alles nicht. Manchmal denke ich, die Deutschen wollen nur
arbeiten, putzen, waschen und sich um Tiere kümmern. Aber ich habe auch
deutsche Freunde, die sind nicht so. Du zum Beispiel. Wir haben viel zusammen
gefeiert und waren lustig. Du hast noch Zeit für Deine Mitmenschen.

         Herzliche Grüße,

         Dein Biro

Die Komparation

Regelmäßiger Komparativ
Hamburg ist sehr schön.
Köln ist nicht **so schön wie** Hamburg.
München ist viel **schön er als** Hamburg.
Wien ist **am schön sten**.

z. B. am geduldig sten,
am intelligent esten
am hübsch esten

Komparativ mit Umlaut
München ist 800 Jahre **alt**.
Frankfurt ist **ält er als** München.
Wien ist **die ält este** Stadt.

z. B. härt est-, läng st-
kürz est-, jüng st-

Unregelmäßiger Komparativ
In München hatte ich **gute** Kontakte.
In Hamburg hatte ich **bessere** Kontakte.
In Wien hatte ich **die besten** Kontakte.

Es gefiel mir **gut**.
Es gefiel mir **besser**.
Es gefiel mir **am besten**.

Positiv	viel	gern	hoch	nahe
Komparativ	mehr	lieber	höher	näher
Superlativ	meist-	liebst-	höchst-	nächst-

Genitiv

Wo trefft ihr euch?   In der Nähe **des Bahnhofs**.
Gefällt dir Wien?   Ja, Wien ist die schönste Stadt **Österreichs**.

Im gesprochenen Deutsch oft von: ein Freund **von meinem Vater**

	Singular			*Plural*
maskulin	**des** Bahnhof **s**	**eines** Arzt **es**	**meines** Bruder **s**	**der** Brüder
feminin	**der** Musik	**einer** Reise	**meiner** Frau	**der** Frauen
neutrum	**des** Theater **s**	**eines** Kind **es**	**meines** Kind **es**	**der** Kinder

Aber: des Student **en**, Kolleg **en**, Jung **en**, Mensch **en**, Verwandt **en**

Wortbildung

Zusammengesetzte Nomen

Genitiv	die Einwohnerzahl	die Zahl	**der** Einwohner
	das Physikstudium	das Studium	**der** Physik
	die Haustür	die Tür	**des** Hauses
	der Verwandtenbesuch	der Besuch	**der** Verwandten
	der Arbeitsbeginn	der Beginn	**der** Arbeit
Präposition	die Bahnhofsuhr	die Uhr	**am** Bahnhof
	ein Fotoalbum	ein Album	**für** Fotos
	ein Geschenkpaket	ein Paket	**mit** Geschenken
	die Weihnachtskarte	die Karte	**zu** Weihnachten
	der Verwandtenbesuch	der Besuch	**bei** Verwandten

Nomen aus Verben

Ohne Suffix		Suffix -ung		
Ohne Suffix	die Arbeit	*Suffix* -ung	**die**	Einlad **ung**
	das Leben		die	Mein ung
	die Fahrt		die	Scheid ung
	der Wunsch		die	Zahl ung
	die Frage		die	Stör ung
	die Sprache		die	Bestraf ung
	das Getränk		die	Änder ung
	der Gruß		die	Erzähl ung

[handwritten notes in right margin: divorce, payment, disturbing, punishment, change]

Nomen aus Adjektiven

das Alt er	**die**	Sicher **heit**	**die**	Freundlich **keit**
die Läng e	die	Krank heit	die	Möglich keit
die Streng e	die	Wahr heit *[handwritten: truth]*	die	Müdig keit
der Fleiß	die	Frei heit	die	Wirklich keit

Die beiden deutschen Staaten (1949–1990)

Bis 1990 gab es zwei deutsche Staaten: die Bundesrepublik Deutschland und die Deutsche Demokratische Republik. 1945 war der Zweite Weltkrieg zu Ende. Es war auch das Ende Hitler-Deutschlands – einer schlimmen Zeit in der deutschen Geschichte. Die Amerikaner, Engländer, Franzosen und Russen wollten nun ein neues, demokratisches Deutschland aufbauen. Aber wie sollte dieser Staat aussehen? Die Meinungen darüber waren sehr verschieden. So hatten wir ab 1949 zwei deutsche Staaten: die Bundesrepublik Deutschland im Westen und die Deutsche Demokratische Republik im Osten. Das frühere Deutschland war also geteilt. Der westliche Teil stand politisch auf der Seite der USA, der östliche auf der Seite der Sowjetunion. Seit Oktober 1990 ist diese Teilung beendet.

Städte in Deutschland

Die Hauptstadt Deutschlands ist jetzt wieder Berlin. Berlin war fast 30 Jahre lang durch eine Mauer geteilt. Mit über 3 Millionen Einwohnern ist es die größte Stadt Deutschlands und ein politisches, wirtschaftliches und kulturelles Zentrum. Die frühere Hauptstadt der Bundesrepublik, Bonn, blieb eine Stadt der Politiker und wurde kein wirkliches Zentrum, wie etwa Paris für Frankreich, London für England oder Rom für Italien.
Andere große Städte Deutschlands sind Hamburg, München, Köln und Frankfurt. Hamburg liegt an der Nordsee. Vom Hamburger Hafen gehen deutsche Produkte in alle Welt. Frankfurt ist ein Finanzzentrum, und es hat Europas größten Flughafen. München, im Süden Deutschlands, gehört zu den schönsten und beliebtesten Städten.
Von den Städten der früheren DDR sind vor allem Leipzig und Dresden bekannt: Leipzig als Messestadt und Dresden, neu aufgebaut nach dem Zweiten Weltkrieg, als ein kulturelles Zentrum. Wirtschaftlich wichtige Städte im Osten Deutschlands, in der früheren DDR, sind außerdem Magdeburg, Halle, Erfurt und Chemnitz.

Suchen Sie die Übersetzung für neue Wörter in Ihrem Wörterbuch!

Partnerübungen

1 👥 Unsere Klasse

Partner 1: Wie alt ist *Heinz?*
Partner 2: Neunzehn.
Partner 1: Und Fritz?
Partner 2: Fritz ist zwanzig.
Partner 1: Dann ist er also älter als Heinz. – Und wie alt ist Kurt?
Partner 2: Er ist am ältesten, er ist 22.

Wie alt ist Heinz?   Heinz (19), Fritz (20), Kurt (22)
Wie groß ist Kurt?   Kurt (1,75m), Heinz (1,82m), Fritz (1,85m)
Wie schnell läuft Fritz 100 Meter?
                     Fritz (in 12,5 sec.), Kurt (in 12,3 sec.),
                     Heinz (in genau 12 sec.)
Wie gut ist Eva in Mathematik?
                     Eva (Note 4), Petra (Note 2), Heidi (Note 1)
Wieviel Taschengeld bekommt Heinz?
                     Heinz (30 DM), Fritz (40 DM), Kurt (50 DM)

1,75m = ein Meter fünfundsiebzig;
12,5 sec. = zwölf Komma fünf Sekunden;
30 DM = dreißig Mark

2 👥 🎧 Unregelmäßiger Komparativ

Partner 1: *Arbeitet* Herr Ruhl eigentlich *gut?*
Partner 2: Ja, ziemlich gut.
Partner 1: So gut wie Frau Wolf?
Partner 2: Na ja, vielleicht arbeitet die ein bißchen besser als er.
Partner 1: Und wer von den Kollegen arbeitet am besten?
Partner 2: Woher soll ich das wissen? Fragen Sie doch den Chef!

Arbeitet er gut? | Hat er einen hohen Lohn?
Übersetzt er viel? | Steht er dem Chef nahe?
Arbeitet er gern? |

Die Europäische Gemeinschaft (EG)

	Fläche (1000 km²)	Einwohner (Mill., 1988)	Hauptstadt (Einwohnerzahl)
Bundesrepublik Deutschland	357,0	77,8	Berlin (3,1 Mill.)
Großbritannien	244,0	57,1	London (6,7 Mill.)
Italien	301,2	57,4	Rom (2,9 Mill.)
Frankreich	547,0	55,8	Paris (8,7 Mill.)
Niederlande („Holland")	41,7	14,7	Amsterdam (680 000)
Belgien	30,5	9,9	Brüssel (1 Mill.)
Griechenland	131,9	10,1	Athen (3,1 Mill.)
Dänemark	43,0	5,1	Kopenhagen (1,3 Mill.)
Irland	70,2	3,6	Dublin (500 000)
Luxemburg	2,5	0,37	Luxemburg (79 000)
Spanien	504,7	39,0	Madrid (3,2 Mill.)
Portugal	92,0	10,3	Lissabon (830 000)

3   Länder in der EG

Partner 1:   Wie viele Einwohner hat *die Bundesrepublik?*
Partner 2:   Ungefähr 78 Millionen.
Partner 1:   Und wie groß ist die Bundesrepublik?
Partner 2:   Sie hat eine Fläche von 357 000 Quadratkilometern.
Partner 1:   Ist die Bundesrepublik größer oder kleiner als *Frankreich?*
Partner 2:   Die Fläche der Bundesrepublik ist kleiner,
            aber sie hat mehr Einwohner als Frankreich.

Die Bundesrepublik – Frankreich   Die Niederlande – Griechenland
Großbritannien – Italien   Irland – Dänemark
Griechenland – Belgien   Luxemburg – Irland

4   Hauptstädte der EG-Länder

Partner 1:   Wie heißt die Hauptstadt *Italiens?*
Partner 2:   Rom ist die Hauptstadt von Italien.
Partner 1:   Und wie groß ist Rom?
Partner 2:   Die Zahl der Einwohner beträgt 2,9 Millionen.

5  Komparation

Partner 1: Die *Amerikaner* sind *fleißig*.
Partner 2: Sicher nicht fleißiger als die Deutschen.
Partner 1: Die Deutschen? Die sind doch alle faul!
          Aber am fleißigsten sind die Japaner.
Partner 2: Ach, es gibt doch in jedem Land fleißige Leute und faule.
          Du kannst nicht sagen, die da sind die fleißigsten und die da sind die
          faulsten.

Nationen		*Eigenschaften*
Engländer	Spanier	faul – fleißig
Franzosen	Türken	groß – klein
Deutsche	Russen	intelligent – dumm
Japaner	Griechen	freundlich – unfreundlich
Amerikaner	Italiener . . .	musikalisch – unmusikalisch

6   Genitiv

Partner 1: Ich bekomme jetzt gleich Besuch.
Partner 2: Gut, dann will ich nicht stören . . .
Partner 1: Nein, nein, bleiben Sie doch noch!
          Es ist *Herr Schneider*, ein *Mitarbeiter meines Vaters*.
Partner 2: Ein Mitarbeiter von Ihrem Vater? Kenne ich den?
Partner 1: Nein, aber Sie lernen ihn jetzt kennen. Er ist sehr nett.

Mein Vater hat einen Mitarbeiter. Er heißt Schneider.
Meine Frau hat eine Schulfreundin. Sie heißt Beer.
Mein Vater hat einen Geschäftspartner. Er heißt Simmel.
Meine Schwester hat einen Freund. Er heißt Jakobs.
Mein Chef hat eine Freundin. Sie heißt Petzold.
Mein Bruder hat einen Kollegen. Er heißt Stein.

Schriftliche Übungen

1 ✒ Aus dem Brief des Indonesiers

In den ersten vier Monaten fühlte ich mich bei den Deutschen _____. Aber jetzt _____. Einmal kamen einige Freunde zu mir. Wir _____. Da kam Frau Grimm und beklagte sich über _____. Die Kinder im Haus dürfen auch nicht _____. Die Hausbewohner rufen immer: _____.

Frau Scheuerlein hat einen Hund. Er _____ und er _____. Nachmittags geht Frau Scheuerlein mit ihm _____, und sie _____. Zu mir sind beide nicht _____.

Ich glaube, die deutsche Sauberkeit ist schon _____. Die Deutschen haben mehr Zeit für _____ als für _____.

2 ✒ Mein Land

Schreiben Sie einen Brief an einen Deutschen oder eine Deutsche!
Beginnen Sie:

Liebe Renate, (*oder* Lieber Otto, *oder* . . .)

heute möchte ich Dir einiges von meinem Land erzählen . . .

Geben Sie in diesem Brief eine Antwort auf die folgenden Fragen:
Wo liegt Ihr Land? Wie groß ist es?
Wie viele Einwohner hat es?
Welche Sprache spricht man in Ihrem Land?
Wie heißt die Hauptstadt? Wie groß ist sie?
Welche anderen Städte gibt es?
Was sind gute Eigenschaften Ihrer Landsleute,
und welche schlechten Eigenschaften haben sie?
    . . .

Kontrollübung

Zusammengesetzte Nomen

Er macht eine Auslandsreise. – Was? Eine _____?	Reise ins Ausland
Komm zum Geburtstagsfest! – Machst du ein _____?	Fest zum Geburtstag
Hier, die Theaterkarten! – Das sind keine _____!	Karten fürs Theater
Das sind Landsleute von Yoko. – Wirklich? _____?	Leute aus ihrem Land

Eine Reise nach Spanien? – Ja, eine _____!	Spanienreise
Mit einem Besuch des Theaters? – Mit einem _____!	Theaterbesuch
Und ein Zimmer im Hotel? – Natürlich, ein _____!	Hotelzimmer
Ein Geschenk zum Geburtstag? – Ja, ein _____.	Geburtstagsgeschenk

Nomen aus Verben

Wie arbeitet er? – Er macht gute _____.	Arbeit
Gewöhnt er sich daran? – Die _____ ist schwer.	Gewöhnung
Was wünscht er sich? – Er hat keinen _____.	Wunsch
Lädt er uns ein? – Ja, morgen kommt die _____.	Einladung
Wann heiratet er? – Die _____ ist nächste Woche.	Heirat
Kann ich dir helfen? – Ich brauche keine _____.	Hilfe
Wann fährt der Zug ab? – Die _____ ist um 9.14 Uhr.	Abfahrt
Wie lange fährt der Zug? – Die _____ dauert bis 10.	Fahrt
Übersetzt er? – Ja, er macht viele _____.	Übersetzungen
Unterrichtet er auch? – Ja, er gibt auch _____.	Unterricht

Nomen aus Adjektiven

Er ist krank. – Hat er eine schlimme _____?	Krankheit
Er ist schon alt. – Ja, im _Alter_ wird man oft krank.	Alter
Ist das wahr? – Ja, das ist die _____.	Wahrheit
Ist das möglich? – Ja, es gibt eine _____.	Möglichkeit

Verben

Er *gehört* zu uns.
Die Zahl der Einwohner
beträgt 6 Millionen.
Er *reist* heute zurück.
Wir *lachten* viel.
Jemand *klopfte*.
Sie *beklagt sich*
über den Lärm.
Sie *schimpfte* uns.
Sie *geht spazieren*.
Sie *schaut auf* mich.
Sie *putzt* viel.
Er *wäscht* das Auto.

Nomen

e Welt
e Nation, –en
s Land, ¨er
e Hauptstadt, ¨e
e Fläche, –n
Frankreich
e Deutsche Demokra-
tische Republik
Europa
Indonesien
e Bevölkerung
r Einwohner, –
e Zahl, –en
e Million, –en
e Industrie, –n
e Entwicklung, –en
s Produkt, –e
r Lebensstandard
r Osten – r Westen
r Norden – r Süden

s Quadrat, –e
r Kilometer, –
s Drittel
e Muttersprache, –n
r Dialekt, –e
Hochdeutsch
Landsleute *(Pl.)*
r Tourist, –en
s Gepäck
r Kontakt, –e
r Berg, –e
r See, –n
e Kunst, ¨e
r Komponist, –en
r Hausbewohner, –
r Lärm
e Dose, –n
e Sauberkeit
r Putzlappen, –
s Tier, –e
r Mitmensch, –en
e Krankheit, –en
r Nachbar, –n

Adjektive

europäisch
Schweizer
wirtschaftlich
technisch
landschaftlich
interessant
jährlich
herrlich
deutschsprachig
liebevoll
berühmt

beliebt
bekannt
reich
hoch
einfach
nett
fremd
fröhlich

Partikeln

Ist er *so* groß *wie* du?
Ich bin größer *als* du.
Du bist *also* kleiner.
Sie ist *etwa* fünfzig.
Mich *jedenfalls* mag
sie nicht.
Sei *vor allem* nett!

Präposition

Sie schimpft *wegen*
des Lärms.

Konjunktionen

Ich mag *weder* ihn
noch sie.
Ich komme *nicht* heute,
sondern morgen.

Wendungen

Das ist kein Wunder!
Ich bin krank vor
Heimweh.
Mir geht es auch so.
Was habe ich denn
getan?

200

Reihe 15

Thema

Arbeitswelt · Urlaub

Dialoge

A Die meisten haben Angst . . .
B Wenn alles klappt, fahren wir nach Griechenland!

Grammatik

daß-Sätze	Er hofft, daß er mehr Lohn bekommt.
Infinitivsätze	Sie versucht, eine andere Stelle zu finden.
Indirekte Fragesätze	Ich weiß nicht, wie ich ihr helfen soll.
wenn-Sätze	Wenn du mal arbeitslos bist, denkst du anders.
weil-Sätze	Er kündigt, weil ihm die Arbeit nicht gefällt.

Josef Maier ist selbständiger Bauer und hat einen eigenen Hof.

Er hat sich jetzt entschlossen, seinen Hof *zu* modernisieren.

Wenn er neue Maschinen kauft, geht die Arbeit besser und leichter.

Aber er kann noch nicht sagen, *ob* sich die Ausgaben lohnen.

Das hängt davon ab, *wie* teuer er Fleisch und Getreide verkaufen kann.

Schade ist, *daß* sein Sohn nicht bei ihm auf dem Hof mitarbeiten will.

Er arbeitet lieber in einer Fabrik in der Stadt,

weil er dort eine feste Arbeitszeit und einen festen Lohn hat.

Fräulein Welz ist seit zwei Jahren
Verkäuferin in einem Kaufhaus.
Sie war damals sehr zufrieden,
daß sie eine Stelle gefunden hat und
daß sie jeden Monat am fünfzehnten
ihr festes Gehalt bekommt.
Aus zwei Gründen möchte sie jetzt
die Stelle kündigen:
erstens,
weil sie mit ihrem Chef oft Streit hat,
und zweitens,
weil sie mehr verdienen will.
Eine neue Stelle *zu* finden
ist zur Zeit aber nicht leicht.
Täglich liest sie die Stellenangebote
in der Zeitung.

Fritz Rau arbeitet schon fünf Jahre
in einer Autofabrik.
Es ist keine leichte Arbeit,
den ganzen Tag
am Fließband *zu* stehen.
Wenn man ihn fragt, sagt er,
daß er sich daran gewöhnt hat.
Aber seine Frau weiß,
wie müde er abends nach Hause kommt.
Oft macht er sogar Überstunden,
weil er dann mehr verdient.
Und *wenn* er mehr Geld verdient,
kann sich die Familie mehr leisten.
Deshalb hofft er auch,
daß die Gewerkschaft
für Lohnerhöhung kämpft.
Dieses Jahr versucht sie,
für die Arbeiter
5 Prozent mehr *zu* bekommen.

Die meisten haben Angst . . .

In der Kneipe

Pit: Also der Montag, das ist doch der schlimmste Tag! Da hab ich nie Lust zu arbeiten! Geht's dir nicht auch so, Jupp?

Jupp: Klar! Zwei Tage zu Hause, kein Chef, kein Ärger im Betrieb. Wirklich eine Erholung. Und dann jeden Montag das gleiche: der Chef schimpft, die Kollegen schimpfen. Alle haben schlechte Laune. – Warum warst du denn heute so sauer?

Pit: Da fragst du noch? Bloß weil der Chef am Wochenende Ärger mit Frau und Kindern hatte, mußte ich das Lager aufräumen. Ihr habt doch gesehen, daß alles in Ordnung war. Ihr wart doch dabei, wie er mich geschimpft hat – ohne irgendeinen Grund. Aber keiner von euch hat etwas gesagt.

Jupp: Ich weiß auch nicht, warum wir nichts dagegen tun. Aber die meisten haben eben Angst, ihren Mund aufzumachen.

Kay: Es ist überall dasselbe. Bei uns haben drei Fahrer gekündigt, und die Firma stellt keine neuen ein. Wir haben jetzt viel mehr Arbeit. Früher gab's höchstens vier Fahrten am Tag, heute sind's sieben. Und keiner sagt, was er denkt.

Uwe: Was wollt ihr denn? Ihr habt wenigstens noch Arbeit! Ich weiß gar nicht, warum ihr unzufrieden seid. Ich muß jede Woche zum Arbeitsamt gehen und fragen, ob es eine Stelle für mich gibt.

Pit: Ja, ja, Setzer braucht man nicht mehr, diese Arbeit machen heute Computer. Alles vollautomatisch. – Lern doch einen anderen Beruf!

Uwe: Das sagst du so einfach. Mit 48 bin ich zu alt, einen neuen Beruf zu lernen. Ich mache mir wirklich Sorgen, wie's weitergehen soll . . . Ich kriege zwar mein Arbeitslosengeld, aber die Nachbarn halten mich für einen Faulenzer. Die glauben nicht, daß ich gern gearbeitet habe bei der Zeitung . . .

Jupp: Na, na, was hast du denn? Ist doch auch ganz schön, nicht jeden Tag um sechs aufstehen zu müssen, oder? Und kein Chef ärgert dich. Kannst tun, was du willst . . .

Uwe: So ein Quatsch! Du redest ja genauso wie meine Nachbarn! Wenn du selbst mal arbeitslos bist, dann denkst du anders! Was bin ich denn noch wert? Überhaupt nichts!

Wenn alles klappt, fahren wir nach Griechenland!

In der Kantine

Frau Beck: Übrigens, heute früh habe ich im Radio gehört, daß es schon wieder zehn Kilometer lange Staus auf der Autobahn München – Salzburg gibt.

Herr Nau: Tja, Urlaubszeit – die meisten Urlauber fahren eben jetzt, weil ihre Kinder Schulferien haben. Wir auch. Wenn alles klappt, fahren wir mit dem Auto wieder nach Griechenland. Am Strand liegen, schwimmen – für uns ist das am schönsten. Und Sie, Frau Beck? Fahren Sie wieder nach Österreich?

Frau Beck: Nein, diesmal nicht. Unser Sohn hat vor, mit Freunden eine Radtour durch Irland zu machen. Er freut sich schon darauf. Nur weiß er noch nicht, wie lange sein Geld reicht. Inge fährt auch nicht mehr mit uns Eltern in Urlaub, sie will mit der Familie ihrer Freundin an die Nordsee. Mein Mann und ich, wir überlegen, ob wir nicht mal im Herbst eine Reise nach Südfrankreich machen sollen. Fahrt, Hotel, Essen und Programm – alles organisiert das Reisebüro. Ich bin froh, wenn ich im Urlaub einmal keine Hausarbeit machen muß . . .

Herr Nau: Ach, uns gefällt es besser, mit dem eigenen Auto zu reisen. Man fühlt sich freier und unabhängiger. Wir nehmen unser Zelt mit, und wenn wir irgendwo einen schönen Campingplatz finden, dann bleiben wir da. Mal zwei Tage, mal länger – je nachdem, ob wir nette Leute kennenlernen. Und wir kochen selbst, weil man dadurch doch eine ganze Menge Geld sparen kann.

Frau Beck: Ja, das stimmt schon. – Übrigens: Sie kennen doch Bernd Schwarz? Er will jetzt mal sehen, wie es ist, wenn man seinen Urlaub zu Hause verbringt. Ich finde das nicht schlecht. Man hat dann auch mal Zeit, ein dickes Buch zu lesen.

Herr Nau: Mir gefällt es besser, wenn ich aus meinen vier Wänden rauskommen kann. Es ist interessanter, etwas Neues zu sehen – andere Städte, andere Menschen, andere Länder. Ich will auch raus aus der Großstadt, ich liebe Bäume, Natur und frische Luft. Ein Urlaub auf dem Bauernhof – ich kann mir vorstellen, daß das auch sehr schön ist . . .

Der Nebensatz als Ergänzung des Hauptsatzes

daß-Sätze

als Objekt   Er sagt, **daß** er sich an die Arbeit **gewöhnt hat**.

Er glaubt, **daß** er keine bessere Stelle **findet**.

als Subjekt   Es stimmt, **daß** wir uns heute **treffen wollten**.

Es ist schön, **daß** Sie zu uns **gekommen sind**!

Es ist schade, **daß** Sie schon **gehen müssen**!

Infinitivsätze

als Objekt   Sie will versuchen, in Köln **zu bleiben**.

Sie hat mir versprochen, nicht **wegzugehen**.

Sie hat den Wunsch **zu studieren**.

als Subjekt   Es ist nicht leicht, Physik **zu studieren**.

Es gefällt ihr, sich damit **zu beschäftigen**.

Es macht ihr Spaß, dieses Fach **zu lernen**.

Indirekte Fragesätze

als Objekt   Ich wußte nicht, **wer** er **ist**.

Er hat mich gefragt, **wo** er Arbeit **bekommen kann**.

Ich weiß nicht, **wie** ich ihm **helfen soll**.

Ich überlege, **ob** ich ihm **helfen kann**.

als Subjekt   Es ist nicht sicher, **ob** er hier **arbeiten kann**.

Es ist noch unklar, **wie** die Firma **entscheidet**.

Es ist sein Problem, **wo** er eine Wohnung **findet**.

Der Nebensatz als Angabe

wenn-**Sätze**

als Angabe der Bedingung (Konditionalsatz)
Ich verstehe nur wenig, **wenn** er schnell **spricht**.
Hören Sie oft Tonband, **wenn** Sie eine Sprache **lernen wollen**!

als Angabe der Zeit (Temporalsatz)
Ich gebe Ihnen das Buch, **wenn** ich es **gelesen habe**.
Wir können darüber sprechen, **wenn** Sie Zeit dazu **haben**.

weil-**Sätze**

als Angabe des Grundes
Sie will kündigen, **weil** ihr die Arbeit nicht mehr **gefällt**.
Sie hat oft Ärger, **weil** sie Überstunden **machen soll**.
Warum soll sie das? **Weil** es immer sehr viel Arbeit **gibt**.

Wortstellung

Nebensatz am Ende

Hauptsatz	*Nebensatz*
Ich **weiß** nicht,	ob sie kommen **kann**.
Ich **rufe** sie an,	wenn ich Zeit **habe**.
Es **ist** schade,	daß sie gehen **muß**.

Nebensatz am Anfang

Nebensatz	*Hauptsatz*
Wenn ich Zeit **habe**,	**rufe** ich sie an.
Daß sie gehen **muß**,	**ist** schade. (*kein* es!)
Weil er krank **ist**,	**kann** er nicht kommen.

Erwerbstätige

Zahlen: Von den 81 Millionen Einwohnern der Bundesrepublik Deutschland sind etwa 37 Millionen erwerbstätig. Davon sind etwa 41 Prozent Frauen.
Von diesen 37 Millionen Erwerbstätigen arbeiteten 1992 als

Arbeiter	14,5	Industrie	11,0
Angestellte	16,8	Staat, Organisationen	7,3
Selbständige	3,0	Dienstleistungen	6,3
Beamte	2,5	Handel	4,7
Mithelfende Familienangehörige	0,5	Bau	2,5
		Verkehr, Post	2,1
		Landwirtschaft	1,4
		andere	2,0

Arbeitszeit: 1950 etwa 48 Stunden pro Woche
1977 etwa 40 Stunden pro Woche
1992 etwa 38,5 Stunden pro Woche
Wochenende: Samstag und Sonntag ist für die meisten Erwerbstätigen arbeitsfrei.

Urlaub: Etwa 30 Arbeitstage. Der Arbeitnehmer bekommt in dieser Zeit seinen ganzen Lohn. Jeder Arbeitgeber muß dem Arbeitnehmer einen gesetzlich festgelegten Urlaub geben.

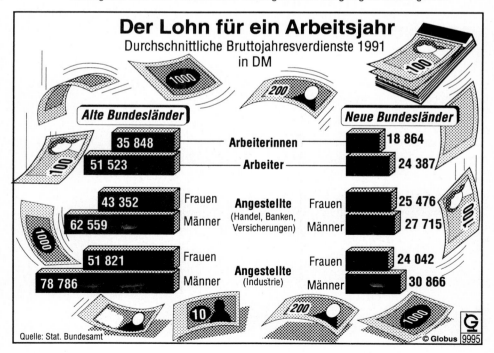

Der Lohn für ein Arbeitsjahr
Durchschnittliche Bruttojahresverdienste 1991 in DM

Alte Bundesländer — **Neue Bundesländer**

	Alte Bundesländer		Neue Bundesländer
Arbeiterinnen	35 848		18 864
Arbeiter	51 523		24 387
Angestellte (Handel, Banken, Versicherungen) Frauen	43 352		25 476
Männer	62 559		27 715
Angestellte (Industrie) Frauen	51 821		24 042
Männer	78 786		30 866

Quelle: Stat. Bundesamt © Globus 9995

Partnerübungen

1 daß-Sätze

Partner 1: Ich habe gehört, daß Dieter bald auf den Hof zurückkommt.
Partner 2: So? Na ja, ich glaube nicht, daß er lange bleibt.

Dieter kommt bald auf den Hof zurück. – Er bleibt nicht lange.
Herr Maier modernisiert seinen Hof. – Er hat nicht genug Geld.
Frau Behl möchte kündigen. – Sie findet nicht leicht eine neue Stelle.
Peter hat Ärger mit seinem Chef. – Er arbeitet nicht gern mit ihm.
Die Gewerkschaft hat eine Lohnerhöhung erreicht. – Die ist nicht hoch.
Frau Fischer möchte wieder arbeiten. – Ihr Mann ist nicht dafür.
Bernd will Medizin studieren. – Seine Noten sind nicht gut genug.
Karl möchte Eva heiraten. – Sie ist damit nicht einverstanden.
Hans will Lehrer werden. – Er wird kein guter Lehrer.

2  weil-Sätze

Partner 1: Warum kommt *Eva* nicht mit?
Partner 2: Das sage ich nicht.
Partner 1: Na hör mal, du kannst uns doch sagen, warum sie nicht mitkommt! Weil sie *Unterricht hat*?
Partner 2: Nein, das ist nicht der Grund. Sie kann nicht mitkommen, weil sie *sich mit ihrem Freund trifft*.

Hat Eva Unterricht?   – Sie trifft sich mit ihrem Freund.
Hat Heinz keine Lust?   – Er ist krank und muß zum Arzt.
Muß Beate lernen?   – Ihre Eltern erlauben es nicht.
Hat Gerd eine Vorlesung?   – Er will mit seiner Freundin ausgehen.
Muß Doris den Haushalt machen? – Sie hat Grippe und Schnupfen.
Darf Pit nicht ausgehen?   – Er geht mit anderen Freunden weg.

3 👥 wenn-**Sätze als Angabe der Zeit**

Partner 1: Warum beklagst du dich so oft über Günter?
Partner 2: Ach, er will immer etwas anderes als ich:
Wenn *ich ein Buch lese*, dann *unterhält er sich mit mir*.
Partner 1: Dann sag ihm doch, daß er sich nicht mit dir unterhalten soll, wenn du ein Buch liest!
Partner 2: Das habe ich ihm schon oft gesagt.

Ich lese ein Buch. – Er unterhält sich mit mir.
Ich will schlafen. – Er hört Musik.
Ich will lernen. – Er hat Freunde zu Besuch.
Ich muß arbeiten. – Er spricht über seine Probleme.
Ich frage ihn etwas. – Er antwortet nicht.
Wir haben Besuch. – Er sieht fern.

4 👥 wenn-**Sätze als Angabe der Bedingung**

Partner 1: Sind Sie der Meinung, daß Eltern ihre Kinder streng bestrafen sollen?

Partner 2: | Nein,
Ja, | das finde ich | nicht
– | richtig.

Wenn Eltern ihre Kinder streng bestrafen, dann

| haben die Kinder Angst.
haben sie weniger Probleme.
. . . . . . |

Eltern sollen ihre Kinder streng bestrafen.
Eine verheiratete Frau soll auch berufstätig sein.
Auch der Mann soll sich um den Haushalt kümmern.
Es ist allein Sache der Frau, die Kinder zu erziehen.
Jugendliche sollen nicht früher als mit 25 heiraten.
Kinder sollen immer das tun, was die Eltern sagen.

5 👥 📼 Indirekte Fragesätze

Partner 1: Darf ich Sie nach Ihrem *Namen* fragen?
Partner 2: Sie wollen wissen, *wie* ich *heiße*?
Partner 1: Ja, für die Arbeitserlaubnis muß ich wissen, wie Sie heißen.
Partner 2: Mein Name ist _____ .

Name	— Wie heißen Sie?
Geburtsort	— Wo sind Sie geboren?
Wohnort	— Wo wohnen Sie?
Familienstand	— Sind Sie verheiratet oder ledig?
Schulausbildung	— Welche Schulausbildung haben Sie?
Studium	— Haben Sie studiert?
Arbeitsstelle	— Wo wollen Sie arbeiten?

6 👥 Infinitivsätze und daß-Sätze

Partner 1: Frau Noack hat sich entschlossen zu kündigen.
Partner 2: Wirklich? Sie hat mir nicht gesagt, daß sie kündigen will.

Frau Noack will kündigen. Sie hat sich dazu entschlossen.
Herr Steiger will keine Überstunden mehr machen. Das hat er vor.
Herr Meisl will uns im Büro helfen. Das hat er versprochen.
Frau Bogner will nicht mehr in der Kantine essen. Sie hat damit aufgehört.
Herr Fichte will Gitarre lernen. Er hat damit begonnen.
Frau Hübner will nicht zum Ausflug mitkommen. Sie hat keine Lust dazu.
Herr Grimm will die Reise nicht mitmachen. Er hat keine Zeit dazu.
Herr Mahr will die Arbeit neu organisieren. Er ist dafür.
Fräulein Blank will kündigen. Sie hat sich entschieden.
Herr Klaas will nicht kündigen. Er hat Angst davor.

Schriftliche Übungen

1 Konjunktionen und indirekte Fragewörter

Schreiben Sie einen Brief mit Hauptsätzen und Nebensätzen!
Welche Konjunktion ist richtig?
Bei Sätzen mit (A) stellen Sie den Nebensatz an den Anfang!

„Liebe Ursula,
wenn alles klappt, kommt mein Bruder nach Kassel. Er hat geschrieben, daß er . . .“

Alles klappt *(A)* – Mein Bruder kommt nach Kassel.
Er hat eine Stelle bekommen. – Das hat er geschrieben.
Wann kommt er? *(A)* – Das weiß er noch nicht.
Kommt seine Familie mit? – Es ist noch nicht sicher.
Er ist in Kassel. *(A)* – Er muß eine Wohnung suchen.
Er will eine Wohnung finden. – Es ist nicht leicht.
Er verdient nicht viel. *(A)* – Die Wohnung muß billig sein.
Er kann bei uns wohnen. – Das habe ich ihm gesagt.
Unsere Wohnung ist aber sehr klein. *(A)* – Er möchte das nicht.

2 Angabe des Grundes – denn, deshalb, nämlich, weil

Beispiel
Ich lese das Buch. Ich will Deutsch lernen.
→ Ich lese das Buch, *denn* ich will Deutsch lernen.
→ Ich will Deutsch lernen. *Deshalb* lese ich das Buch.
→ Ich lese das Buch. Ich will *nämlich* Deutsch lernen.
→ Ich lese das Buch, *weil* ich Deutsch lernen will.

Ich lerne Deutsch. Ich interessiere mich für Deutsch.
Ich interessiere mich für Deutsch. Ich will in Frankfurt arbeiten.
Ich gehe nach Frankfurt. Ich möchte ein anderes Land kennenlernen.
. . . .

📖 Kontrollübung

Konjunktionen und Fragewörter in Nebensätzen

Heute habe ich mit einem Studenten gesprochen. Wir unterhiel- ten uns darüber, _____ man Deutsch lernen soll. Er findet, _____ Deutsch sehr schwer ist, und er weiß nicht sicher, _____ er diese Sprache lernen kann. Er hatte sogar vor, mit Deutsch ganz auf- _____hören, aber dann sagte ich ihm, _____ er unbedingt wei- terlernen soll. Natürlich, sagte ich, eine Fremdsprache _____ lernen ist sicher nicht leicht. Aber gerade _____ es nicht leicht ist, ist es auch eine interessante Aufgabe. Dann fragte er mich, _____ ich ihm denn sagen kann, _____ er beim Lernen nicht richtig macht. Ich sagte ihm dazu meine Meinung: _____ Sie Deutsch lernen wollen, dann müssen Sie auch sprechen. Und _____ Sie sprechen, dann sol- len Sie versuchen, auf Deutsch _____ denken. Stellen Sie sich bei den Übungen immer vor, _____ Sie sich gerade mit einem Deutschen unterhalten! Denken Sie fest daran, _____ Sie ihm sagen wollen! Aber vergessen Sie, mit _____ Wörtern man das in Ihrer Mutter- sprache sagt! Ich wußte auch, _____ dieser Student nur allein mit dem Buch lernt. Deshalb sagte ich: Erstens macht es keinen Spaß, allein _____ lernen, und zweitens lernt man doch viel schneller, _____ zwei Partner zusammen üben und lernen. Und warum? _____ man dann nicht nur im Buch liest, sondern auch hört und spricht. _____ Sie selbst gesprochen haben, vergessen Sie auch nicht so schnell. Dann haben Sie auch keine Angst, _____ Sie wirklich mit Deutschen sprechen. Er fragte mich auch, _____ man die Übungen im Buch am besten machen soll. Am besten ist es, sagte ich, eine Übung im Buch zuerst _____ lesen. Es ist wichtig, _____ man alles genau versteht. Die nächste Aufgabe ist, die Übung auf Kassette _____ hören. Nun braucht man einen Partner, _____ man jetzt die Übung sprechen soll. Sie können eine Übung erst dann, _____ es für Sie nicht mehr schwer ist, sie ohne Buch im Dialog _____ sprechen. Und noch etwas: Glauben Sie nicht zu schnell, _____ Sie eine Übung schon gut können!	wie – daß ob zu – daß zu weil ob was Wenn wenn zu daß was welchen daß zu wenn Weil Was wenn wie zu daß zu weil wenn zu daß

Verben

Er will den Hof *modernisieren*.
Lohnt sich das?
Das *hängt von* ihm *ab*.
Er *kämpft für* mehr Lohn.
Sie will *kündigen*.
Die Fabrik *stellt* Arbeiter *ein*.
Er *hofft*, daß du gehst.
Wie *geht es weiter*?
Er *kriegt* sein Geld.
Wie lange *reicht* das?
Er *hält mich für* faul.
Er *steht* um sechs *auf*.
Wer *organisiert* die Reise?
Im Urlaub *schwimmt* er.
Er *versucht* zu kommen.
Er *verbringt* den Urlaub zu Hause.

Nomen

r Bauer, −n
r Hof, ̈-e
e Maschine, −n
e Ausgabe, −n
s Getreide
s Gehalt, ̈-er
e Überstunde, −n
e Lohnerhöhung, −en
e Gewerkschaft, −en
r Betrieb, −e
s Lager, −
s Fließband, ̈-er
s Arbeitsamt, ̈-er
s Angebot, −e
r Setzer, −
e Kneipe, −n
r Streit
r Fahrer, −
r Mund, ̈-er
r Computer, −
s Prozent, −e
r Faulenzer, −
r Grund, ̈-e
e Kantine, −n
s Radio, −s
r Stau, −s
e Autobahn, −en
Ferien *(Pl.)*
r Strand, ̈-e
e Radtour, −en
r Herbst
s Programm, −e
s Zelt, −e
r Campingplatz, ̈-e
e Erholung
r Baum, ̈-e
e Natur
e Luft
s Wochenende, −n

Adjektive

fest
gleich
vollautomatisch
arbeitslos
täglich
früh
dick
frisch

Artikelwort

Es ist *dasselbe* Problem.

Präpositionen

Aus zwei Gründen kündigt sie.
Er fährt viermal *am* Tag.

Konjunktionen

Er hat vor *zu* kommen.
Wenn er muß, kommt er.
Weißt du, *ob* er fährt?
Ich glaube, *daß* er bleibt.
Weil er viel ißt, wird er dick.
Je nachdem, wann er will, besuchen wir ihn.
Er kommt *zwar, aber* nur kurz.

Partikeln

Diesmal fahre ich weg.
Er ist *bloß* kurz hier.
Er bleibt *höchstens* fünf Minuten.
Er muß *nämlich* lernen.
Ihr habt *wenigstens* noch Arbeit.
Mach es doch *selbst*!
Überall hat er Freunde.

Wendungen

Ich habe keine Lust
zu arbeiten.

Er hat schlechte
Laune.

Alles ist in Ordnung.

Warum bist du sauer?

Was hast du denn?

So ein Quatsch!

Was bin ich denn noch
wert?

Man spart eine Menge
Geld.

Das ist schade.

Die Zahlen bezeichnen die Reihe.   G = Grammatik   I = Information   Ü = Übungen

Das vollständige Vokabular der Seiten „Information" finden Sie in den zweisprachigen Glossaren zu „Lernziel Deutsch", Grundstufe 1.

r Abend, -e 4
abend 4
abends 4
aber
Aber er wohnt nicht hier. 1
Tun Sie das aber nicht! 8
Aber na ja, ... 8
ab/fahren 5 Ü
ab/hängen von *Dat.* 15
abhängig von *Dat.* 10
ab/holen 7
s Abitur 12
r Abschluß, ⁻sse 12 I
r Absender 8
ach so! 4
acht 3
e Adresse, -n 8
Afrika 11
all-
alle zwölf Minuten 4
Alle sind da. 8
Alles Gute! 8
Es ändert sich alles. 10
vor allem 14
allein 2
allerdings 12
als
als Übersetzerin 6
als Muttersprache 14
kleiner als 14
also
Also, tschüs! 4
Also hören Sie mal! 8
Sie ist also kleiner. 14
alt
Wie alt sind Sie? 3
Er ist sehr alt. 3
s Alter
im Alter 10 I

im Alter von 13 I
Amerika 10
r Amerikaner, – 5
Amsterdam 14 Ü
an
am Abend 4
am Kino 5
am schönsten 14
vier Fahrten am Tag 15
an der Uni 9
an der Post vorbei 9
an die Wand hängen 9
ander- 12
andererseits
einerseits – and. 10
anders 10
ändern, sich 10
r Anfang, ⁻e 12
an/fangen 5
anfangs 11
s Angebot, -e 15
an/gehen
Was geht dich das an? 7
r Angehörige, -n 15 I
r Angestellte, -n 15 I
e Angst, ⁻e 11
Ankara 9
an/kommen 5
an/rufen 5
e Antwort, -en 15 Ü
antworten 12
r Anzug, ⁻e 7 I
r April 8 Ü
e Arbeit, -en 9
arbeiten 1
r Arbeiter, – 15 I
r Arbeitgeber, – 15 I
r Arbeitnehmer, – 15 I
s Arbeitsamt, ⁻er 15
e Arbeitserlaubnis 15 Ü
arbeitslos 15

s Arbeitslosengeld 15
e Arbeitsstelle, -n 15 Ü
r Architekt, -en 2 I
r Ärger 15
ärgern 7
ärgern, sich 14
r Arzt, ⁻e 2
e Arzthelferin, -nen 2 I
e Ärztin, -nen 2
Athen 12
auch 1
auf
Auf Wiedersehen! 1
auf dem Tisch 9
auf der Post 8
auf/bauen 12
e Aufgabe, -n 15 Ü
auf/machen 8
auf/nehmen 12
auf/räumen 9
auf/stehen 15
aus
Er kommt aus Rom. 1
Lieder aus Italien 7
aus zwei Gründen 15
e Ausbildung 12
r Ausflug, ⁻e 11
Ausgaben *Pl.* 15
aus/geben 13
aus/gehen 5
ausgezeichnet 8 Ü
e Auskunft, ⁻e 9 Ü
s Ausland 11
r Ausländer, – 13
ausländisch 14 I
ausreichend 12 I
aus/sehen 14 I
außerdem 12
aus/steigen 9
s Auto, -s 10
e Autobahn, -en 15

r Bäcker, – 2 I
r Bahnhof, ⁻e 9
bald 4
r Bau 15 I
r Bauer, -n 15
r Bauernhof, ⁻e 15
r Baum, ⁻e 15
r Beamte, -n 8
beenden 11
befehlen 6
befreundet 10
befriedigend 12 I
beginnen 4
bei
Sie arbeitet bei... 2
Er wohnt bei ihm. 8
beide 12
s Beispiel, -e 3 Ü
zum Beispiel (z. B.) 10
bekannt 14
beklagen, sich 14
bekommen 7
Belgien 14 Ü
beliebt 14
bellen 12
an/bellen 14
r Berg, -e 14
Berlin 11
Bern 14
r Beruf, -e 2
von Beruf sein 2
beruflich 13
e Berufsschule, -n 12 I
berufstätig 13
e Berufswahl 6
berühmt 14
beschäftigen, sich mit *Dat.* 10
e Besprechung, -en 4
besser 14
e Besserung 8

best- 14
bestehen
e. Prüfung bestehen
11
bestellen 7
bestrafen 13
r Besuch, -e 14 Ü
besuchen 7
r Besucher, – 14 I
betragen
Die Zahl beträgt... 14
r Betrieb, -e 15
s Bett, -en 8
e Bevölkerung 14
bewachen 12
bezahlen 7
s Bier 7
s Bild, -er 1
billig 7
bin → sein
e Bindung, -en 14 I
bis
Bis bald! 4
von acht bis zwölf 4
Er bleibt bis drei. 4
bis zur Post 9
bist → sein
bißchen 11
bitte
Wie bitte? 1
Bitte schön? 7
Ja, bitte. 14
e Bitte 8 Ü
blau 13 Ü
bleiben 4
bloß
Er hat bloß eine
Mark. 15
e Blume, -n 8
e Bluse, -n 7
Bonn 1
brachte → bringen
brauchen
Er braucht Geld. 7
Er braucht lang. 9
braun 13 Ü
Bremen 12
r Brief, -e 4

bringen 8
s Brot 13
r Bruder, ⁼ 3
Brüssel 14 Ü
brutto 15 Ü
s Buch, ⁼er 7
e Buchhandlung, -en 7
e Bundesrepublik 9
e Burg, -en 12
s Büro, -s 4
r Bus, -se 5

r Campingplatz, ⁼e 15
r Chef, -s 13
e Chemie 12
r Chemiker, – 3
r Computer, – 15

da
Sie ist nicht da. 7
Er will den da. 7
Da sieht er ein Ge-
schäft. 8
da-
dazu, dabei, ... 10
dachte → denken
dagegen
dagegen sein 12
dagegen sagen 13
daher 13
damals 12
danach 12
Dänemark 14 Ü
r Dank
Vielen Dank! 6
danke 2
danken 8
dann
Dann geht er. 4
Gut, dann fahre ich. 4
darf → dürfen
das
Das ist... 2
daß 15
dasselbe 15
s Datum 12 Ü
dauern 4
r Daumen, –

jmdm. die Daumen
halten 8
dein 2
demokratisch 14
denken 14
denken an/über *Akk.*
10
denn
Wo ist er denn? 3
..., denn sie kann Ja-
panisch. 6
deshalb 5
Deutsch 1
r Deutsche, -n 10
r Deutschkurs, -e 4
Deutschland 9
deutschsprachig 14
r Dezember 8
d.h. (das heißt) 12
r Dialekt, -e 14
r Dialog, -e 2 Ü
dick 15
r Dienstag 4
dies- 7
diesmal 15
e Dienstleistung 15 I
direkt 9
e Diskussion, -en 10
diskutieren 10
doch
Wir sagen doch „du"!
2
Ist sie nicht hier?
Doch. 5
dolmetschen 6
r Dolmetscher, – 2
r Donnerstag 4
dort 5
dorthin 9
e Dose, -n 14
draußen 9
drei 3
dritt- 9
s Drittel 14
du 2
Dublin 14 Ü
dumm 12
durch *Akk.*

durch einen Park 9
durchschnittlich 10 I
dürfen 6

eben
Er kommt eben nicht. 8
ebenfalls 13
e Ecke, -n
um die Ecke 9
in der Ecke 9
e Ehe, -n 10
r Ehepartner, – 10
s Ei, -er 7
eigen- 12
e Eigenschaft, -en
13 Ü
eigentlich
Was machen Sie
eigentlich? 4
eineinhalb 4
einerseits
– andererseits 10
einfach
Das ist einfach nicht
richtig! 4
Das ist nicht so ein-
fach. 14
ein/fallen
Mir fällt nichts ein. 8
e Einheit 14 I
einig- 11
r Einkauf, ⁼e 7
ein/kaufen 7
s Einkommen, – 15 I
ein/laden 5
e Einladung, -en 8
einmal
Es lebte einmal... 11
ein/richten 11
r Einrichtungsgegen-
stand, ⁼e 9 Ü
einsam 11
ein/steigen 9
ein/stellen
Die Firma stellt nie-
manden ein. 15
einverstanden
Einverstanden! 2

einverstanden sein
  10 I
r Einwohner, – 14
s Einzelkind, -er 10
einzig- 12
r Elektriker, – 2 I
e Elektrofirma 12
elf 3
Eltern *Pl.* 2
s Ende
Ende Dezember 8
zu Ende sein 14 I
endlich 11
England 14 Ü
Englisch 2
entlang *Akk.* 9
entscheiden 6
e Entscheidung, -en
  10
entschließen, sich 10
entschuldigen 6
e Entwicklung, -en 14
er 1
s Erdgeschoß, -sse 9
erhalten
einen Brief erhalten.
  11
e Erholung 15
erlauben 8
erreichen
Er erreicht nichts. 13
erst
Er ist erst fünf. 3
Erst sagte ich nichts.
  12
erst- 9
erstens 15
erwachsen 13
r Erwerbstätige, -n
  15 I
erzählen 11
erziehen 13 I
e Erziehung 13
es
Mein Kind – es ist
  neun. 3
Wie spät ist es? 4
Es ist sieben Uhr. 4

essen 4
s Essen 14
etwa 14
etwas
Ich habe etwas vor. 5
Ich komme etwas spät. 9
euer 2
Europa 14
europäisch 14

e Fabrik, -en 13
s Fach, ⸚er 12
e Fachhochschule 12 I
e Fachoberschule 12 I
fahren 4
r Fahrer, – 2 I
r Fahrplan, ⸚e 4
e Fahrt, -en 11
e Familie, n 3
r Familienstand 15 Ü
e Farbe, -n 7
fast 10
faul 13
r Faulenzer, – 15
r Februar 8 Ü
fehlen
Was fehlt dir? 8
Da fehlt die Adresse! 8
feiern 9
s Fenster, – 9
Ferien *Pl.* 15
fern/sehen 5
s Fernsehen 10 Ü
r Fernseher, – 9
fest
eine feste Stelle 15
s Fest, -e 9
r Film, -e 5
finden
Ich finde keine Stelle. 7
Ich finde das sehr teuer. 7
e Firma, Firmen 12
e Fläche 14
e Flasche, -n 8
s Fleisch 7
fleißig 13
s Fließband, ⸚er 15

r Flughafen, ⸚ 14 I
r Flur 9
folgend- 10 I
s Foto, -s 11
s Fotoalbum 8
e Frage, -n 5
fragen 6
Frankfurt 14
Frankreich 14
Französisch 2
e Frau, -en
Frau Ito 1
diese Frau 2
meine Frau 2
s Fräulein 4
frei
Ich habe heute frei. 11
ein freies Leben 13 I
r Freitag 4
e Freizeit 10
fremd 14
e Fremdsprache, -n
  12
fressen 12
freuen, sich 10
r Freund, -e 4
freundlich 9
Das ist sehr freundlich! 14
e Freundschaft 7
frisch 15
e Friseuse, -n 2 I
froh 11
fröhlich 14
früh
heute früh 15
früher 12
fühlen, sich
sich gut fühlen 10
sich wohl fühlen 10
führen
ein Gespräch führen
  13
für
Übersetzerin für Englisch 2
Ein Kongreß für Chemiker 3

Ich bin für ihn. 13
fürchten, sich 10
r Fuß, ⸚e
zu Fuß gehen 9

ganz
ganz gut 10
das ganze Leben 10
gar nicht 13
geben
Er gibt ihm das Buch.
  8
Es gibt hier kein
  Buch. 10
geboren sein 12
r Geburtsort 15
r Geburtstag 8
geduldig 13
gefährlich 12
gefallen 8
r Gefallen
jmdm. einen Gefallen
  tun 8
gegen
gegen zwölf Uhr 4
Ich bin gegen
  Strafen. 13
gegenüber *Dat.* 9
s Gehalt, ⸚er 15
gehen
Wie geht's? 2
Mir geht es gut. 8
Er geht zur Schule. 3
Ich gehe nach
  Hause. 4
Das geht nicht. 8
Mir geht es auch
  so. 14
Die Arbeit geht besser.
  15
Sie geht spazieren. 14
gehorchen 6
gehören
Das Buch gehört
  mir. 8
Ich gehöre zu dieser
  Klasse. 14
gehorsam 13

gelb 13 Ü
s Geld 6
gemeinsam 14 I
e Gemeinschaft 14 Ü
die EG 14 Ü
s Gemüse 7
genau
Er ist genauso nett. 14
Du bist genau wie
   er. 13
genug 9
s Gepäck 14
gerade
Sie lernt gerade. 8
geradeaus 9
gern 5
s Geschäft, -e 7
Geschäftsleute *Pl.* 10
s Geschenk, -e 8
e Geschichte, -n
Schreiben Sie eine
   Geschichte! 7 Ü
die Geschichte Roms
   14 I
geschieden 10
Geschwister *Pl.* 3
e Gesellenprüfung 12
gesetzlich 15 I
s Gespräch, -e 2 Ü
gestern 11
gesund 8
s Getränk, -e 7
s Getreide 15
e Gewerkschaft, -en
   15
gewesen → sein
gewöhnen, sich 10
gib → geben
ging → gehen
e Gitarre, -n 6
glauben 13
gleich
Also bis gleich! 5
Ich komme gleich! 8
Jeden Tag das
   gleiche! 15
glücklich 11
r Glückwunsch, ⸚e 8

s Gold 12
r Graf, -en 12
r Grafiker, – 13
gratulieren 8
grau 13 Ü
Graz 11
Griechenland 14 Ü
e Griechin, -nen 12
griechisch 13 Ü
e Grippe 8
groß 10
Großbritannien 14 Ü
e Größe, -n 7
Großeltern *Pl.* 3
e Großfamilie, -n 10
e Großmutter, ⸚ 3
e Großstadt, ⸚e 15
r Großvater, ⸚ 3
grün 7
r Grund, ⸚e 15
e Grundschule, -n 12
grüßen
Grüß dich! 7
gut
Guten Tag! 1
Danke, gut. 2
Das ist gut. 13
Sie ist gut in
   Physik. 14 Ü
s Gymnasium, Gym-
   nasien 12

haben
Er hat einen Bruder. 3
Was hast du denn? 15
r Hafen, ⸚ 14 I
halb 4
halbtags 6
hallo 4
halten
jmdm. die Daumen
   halten 8
Sie halten mich für
   faul. 15
e Haltestelle, -n 9
Hamburg 5 Ü
r Handel 15 I
r Handwerker, – 12

hängen 9
hart 13
s Hauptfach, ⸚er 12
e Hauptschule, -n 12
e Hauptstadt, ⸚e 14
s Haus, ⸚er 9
nach Hause 4
zu Hause 4
e Hausarbeit, -en 6
r Hausbewohner, –
   14
e Hausfrau, -en 2 I
r Haushalt 6
Heidelberg 5 Ü
e Heimat 10
heim/fahren 5
s Heimweh 11
e Heirat 10
heißen
Ich heiße Thomas. 1
Der Film heißt... 5
Was heißt denn Lie-
   be? 7
helfen
Ich helfe ihm. 8
Da hilft nichts. 13
s Hemd, -en 7 I
her 9
herauf/bringen 12
heraus/kommen 12
r Herbst 15
herein/kommen 6
r Herr, -en
Herr Wild 1
der Herr da 13 Ü
herrlich 14
herzlich
Herzlichen Glück-
   wunsch! 8
Herzlichst... 11
heute 4
heutig- 13
hier 1
hilfsbereit 13
hin 9
hin/fahren 11
hinter 9
hinunter/steigen 12

s Hobby, Hobbies 6
hoch 14
s Hochdeutsch 14
e Hochschule, -n 12 I
höchstens 15
e Hochzeit, -en 8
r Hof, ⸚e 15
hoffen 15
hoffentlich 8
e Höflichkeit 5 Ü
holen
Holland 14 Ü
hören
Wir hören Musik. 7
Wir haben nichts von
   dir gehört. 11
auf jmdn. hören 13 I
Ich habe gehört ... 13
e Hose, -n 7 I
s Hotel, -s 5
hübsch 13
r Hund, -e 12

ich 1
ihr – Ihr 2
immer 4
in
in Tokio 1
ins Büro gehen 4
Er ist im Büro. 4
in die Stadt fahren 6
in vier Wochen 8
30 Mark im Monat 12
Indonesien 14
e Industrie, -n 14
e Industrienation, -en
   14
e Information, -en 1
r Ingenieur, -e 2 I
s Institut, -e 11
intelligent 13
interessant 14
interessieren, sich 10
s Interview, -s 12
irgend- 9
Irland 14 Ü
ist → sein

Italien 1
Italienisch 1

ja
Kommt er? Ja. 1
Das ist ja prima! 6
e Jacke, -n 8
s Jahr, -e 3
jährlich 14
r Januar 8
Japan 1
Japanisch 1
je
je nachdem, ob... 15
jed- 9
jedenfalls 14
jemand 7
jetzt 2
r Journalist, -en 10
e Jugend 13
r Jugendliche, -n 10
r Jugoslawe, -n 9
Jugoslawien 9
jugoslawisch 13 Ü
jung 3
r Junge, -n 12

r Kalender, – 9
kam → kommen
kämpfen für *Akk.* 15
kann → können
e Kantine, -n 15
e Karte, -n 5
e Kasse, -n 7
e Kassette, -n 7
r Kassettenrecorder, –
  9
e Kassiererin, -nen 2 I
r Kauf 13
kaufen 7
s Kaufhaus, ¨er 7
r Kaufmann, Kauf-
  leute 2 I
kaum 10 I
kein 3
kennen 7
kennen/lernen 7

s Kilo 7
r Kilometer, – 14
s Kind, -er 2
e Kindergärtnerin,
  -nen 2 I
s Kino, -s 5
e Kiste, -n 12
klappen
Es klappt nicht. 12
klar
Kommen Sie? Klar! 6
e Klasse, -n 12 I
s Kleid, -er 13
e Kleidung 13
klein 13
klopfen 14
klug 12
e Kneipe, -n 15
kochen 7
e Köchin, -nen 2 I
r Kollege, -n 4
Köln 1
s Komma, -s 14 Ü
kommen
Woher kommen Sie? 1
*Wie komme ich zum
  Bahnhof?* 9
r Komponist, -en 14
r Kongreß, Kongresse
  3
können 6
r Kontakt, -e 14
Kopenhagen 14 Ü
s Kopfweh 8
kosten 7
krank
Sie ist krank. 8
*Ich bin krank vor
  Heimweh.* 14
s Krankenhaus, ¨er
  10
e Krankenschwester,
  -n 2 I
e Krankheit, -en 14
e Krawatte, -n 7 I
r Krieg, -e 14 I
kriegen 15
e Küche, -en 9

*Er kennt die italieni-
  sche Küche.* 7
r Kugelschreiber, – 8
kulturell 14 I
kümmern, sich um
  Akk. 10
kündigen 15
e Kunst, ¨e 14
r Künstler, – 3
r Kurs, -e 7 Ü
kurz 13

e Laborantin, -nen 10
lachen 14
r Laden, ¨ 13
s Lager, – 15
e Lampe, -n 9
s Land, ¨er 9
landschaftlich 14
Landsleute *Pl.* 14
r Landwirt, -e 2 I
e Landwirtschaft 15 I
lang
Ich bleibe nicht lang. 6
ein langes Regal 15
Wie lange...? 4
langsam 8
r Lärm 14
lassen
Laß mich in Ruhe! 7
laufen
Heute läuft ein Film. 5
Er läuft schnell. 14 Ü
e Laune, -n 15
*Er hat schlechte Lau-
  ne.* 15
laut 13
leben 2
s Leben 10
Lebensmittel *Pl.* 7
r Lebenslauf, ¨e 11 Ü
r Lebensstandard 14
legen 9
e Lehre 12
r Lehrer, – 2
e Lehrstelle, -n 12
leicht 10
leid

Es tut mir leid. 8
leider 5 Ü
leihen 8
leisten, sich 10
lernen 1
lesen
Er liest Zeitung. 4
*Den Absender kann
  man nicht lesen.* 8
letzt- 11
Leute *Pl.* 8
Liebe(r)..., 11
Alles Liebe! 11
e Liebe 7
lieben 7
lieber 14
liebevoll 14
liebst- 14
liegen
Wo liegt Köln? 9
Wo liegt das Buch? 9
liest → lesen
e Linie, -n 9
links 9
r Lohn, ¨e 13
lohnen, sich 15
e Lohnerhöhung, -en
  15
London 14 I
los
Was ist los? 7
Na los... 10
Immer ist etwas los. 11
e Luft 15
e Lust
Ich habe Lust dazu. 15
lustig 11
Luxemburg 14 Ü

machen
*Was machen Sie in
  Tokio?* 1
Was machst du hier? 4
Mach schnell! 5
Das macht nichts. 6
*Er macht Hausaufga-
  ben.* 7
Wir machen Urlaub. 8

Was macht die Familie? 10
Das macht Spaß. 10
s Mädchen, – 13
mag → mögen
mal
Komm mal mit! 5
Ich frage mal. 6
malen 3
e Mama, -s 13
man 9
manch- 6
manchmal 9
mangelhaft 12 I
r Mann, ¨er
mein Mann 2
der Mann da 8 G
r Mantel, ¨ 13
s Märchen, – 12
e Mark 7
r März 8
e Maschine, -n 15
e Mathematik 12
r Mechaniker, – 2 I
e Medizin 2
mehr
mehr als 14
Sie will mehr verdienen. 15
Sie arbeitet nicht mehr. 10
mehrer- 13
mein 2
meinen 6
e Meinung 10
meist- 14
e Meisterprüfung 12
e Menge
Man spart eine Menge Geld. 15
r Mensch, -en 12
e Messe, -n
die Leipziger Messe 14 I
r Meter 14 Ü
mieten 11
e Million, -en 14
e Minute, -n 4

mit
Sie geht mit ihrer Freundin. 8
Er fährt mit dem Bus. 9
Mit sechs Jahren geht er in die Schule. 12
r Mitarbeiter, – 6
mit/bringen 8
r Mitmensch, -en 14
mit/kommen 5
mit/nehmen 9
s Mittagessen 4
mittags 4
e Mitte 9
möchte 6
modern 13
modernisieren 15
mögen
Ich mag Musik. 7
Magst du ihn? 7
möglich 6
r Moment
Moment, ich komme! 4
r Monat, -e 8 Ü
monatlich 10 I
r Montag 4
morgen 4
r Morgen
Guten Morgen! 2
s Motorrad, ¨er 13
müde 13
München 1
r Mund 15
e Musik 7
musikalisch 14 Ü
r Musiker, – 6
müssen 6
e Mutter, ¨ 2
e Muttersprache 14

nach
Sie fährt nach Tokio. 3
Es ist zehn nach fünf. 4
nach ein paar Jahren 10
Alles der Reihe nach! 8

r Nachbar, -n 14
nachher 4
r Nachmittag, -e 4
nachmittags 4
e Nachricht, -en 3
nach/sprechen 1 Ü
nächst-
nächste Woche 7
Der nächste bitte! 8
e Nacht, ¨e 12
nachts 14
e Nähe 9
nahe
Er steht mir nahe. 14 Ü
nahm → nehmen
r Name, -n 14
nämlich 15 Ü
e Nation, -en 14
e Natur 15
natürlich 6
neben 9
nebenan 9
s Nebenfach, ¨er 12
nehmen
Nehmen Sie Platz. 6
Soll ich das nehmen? 7
Er nimmt sich viel Zeit. 13 I
nein 1
nett 14
netto 15 I
neu 11
neugierig 10
e Neuigkeit, -en 10
nicht 3
nichts
Das macht nichts. 6
Ich esse nichts. 7
Ich weiß nichts. 11
nie 13
e Niederlande 14 Ü
niemand 11
nimm → nehmen
nirgends 7
noch
Er weiß es noch nicht. 5

Noch einen Wunsch? 7
Bitte noch einmal. 7
r Norden 14
e Nordsee 14 I
e Note, -n 13
r November 8 Ü
nun
Nun, was sagst du? 12
nur 3

ob 15
oben 9
s Obst 13
oder 2
oft
Er kommt oft. 7
Wie oft…? 4
ohne *Akk.* 6
r Onkel, – 3
e Ordnung
Alles ist in Ordnung. 15
organisieren 15
Osaka 1
r Osten 14
östlich 14 I
Österreich 11

paar
ein paar Sachen 7
s Päckchen, – 8
s Paket, -e 8
Pakistan 12
r Papa, -s 13
r Papierkorb, ¨e 9
Paris 5
r Park, -s 9
r Partner, – 10
passen
Der Pullover paßt. 7
e Person, -en 15 Ü
s Pfund 7
e Physik 12
s Plakat, -e 9
r Platz, ¨e
Nehmen Sie Platz! 6

*Er geht über den
Platz.* 9
*Haben Sie genug
Platz?* 9
r Politiker, – 14
politisch 14 I
portugiesisch 13
e Post 8
praktisch
praktische Ausbildung
12 I
prima 5
pro 15 I
probieren 7
s Problem, -e 6
s Produkt, -e 14
s Programm, -e 15
s Prozent, -e 15
e Prüfung, -en 4
r Pullover, – 7

r Quadratkilometer 14
e Qualität 7
r Quatsch
So ein Quatsch! 15

s Radio, -s 15
e Radtour, -en 15
rauf 9
e Realschule 12
recht
Du hast recht. 9
recht herzlich 11
rechts 9
reden 13
s Regal, -e 9
reich 14
reichen
Jetzt reicht's! 8
Das Geld reicht. 15
e Reife
e Mittlere Reife 12 I
e Reihe
Alles der Reihe nach! 8
rein/kommen 9
e Reinigerin, -nen 2 I
r Reis 7
e Reise, -n 8

s Reisebüro, -s 11
reisen 14
e Rente, -n 10 I
e Republik, -en 14
s Restaurant, -s 9
r Rhein 14 I
richtig 13
e Richtung, -en 9
rief → rufen
Rom 1
rot 7
rüber 9
rüber/bringen 9
rufen 12
e Ruhe
Laß mich in Ruhe! 7
runter 9
r Russe, -n 14 I

e Sache, -n
ein paar Sachen 7
Das ist meine Sache. 7
r Saft, ⁼e 7
sagen 2
sah → sehen
Salzburg 15
e Sauberkeit 14
sauer
Warum bist du sauer?
15
schade 15
r Schal, -s 7 I
e Schallplatte, -n 8
r Schatz, ⁼e 12
schauen auf *Akk.* 14
r Schauspieler, – 12
e Schauspielschule
12
e Scheidung, -en 10
schenken 8
e Schere, -n 8
schick 13
schicken 8
schimpfen 14
schlafen 4
schlecht 13
schließlich 8
schlimm 8

r Schlosser, – 2 I
r Schluß
Schluß jetzt! 7
schnell 5
r Schnupfen 8
e Schnur, ⁼e 8
schon 3
schön
Bitte schön! 7
Diese Stadt ist schön. 7
r Schrank, ⁼e 9
schreiben 4
r Schreibtisch, -e 9
r Schuh, -e 13
e Schulausbildung 12
e Schule, -n 3
r Schüler, – 6
Schulferien *Pl.* 15
r Schwager, ⁼ 3 Ü
e Schwägerin, -nen 3 Ü
schwarz 13 Ü
e Schweiz 9
Schweizer 14
schwer 13
e Schwester, -n 3
schwierig 10
schwimmen 15
r See, -n 14
sehen
Er sieht ein Geschäft. 8
Sehen Sie, .. 13
*Ich will mal sehen,
ob...* 15
sehr 3
sein
Er ist Lehrer. 2
Ich bin dafür. 13
Er ist dagegen. 13
seit *Dat.* 8
e Seite, -n
*auf der Seite von
jmdm. stehen* 14 I
e Sekretärin, -nen 2 I
e Sekunde, -n 14 Ü
selbe
Immer dasselbe! 15
selbst 10
selbständig

*Sie ist ein selbständi-
ges Mädchen.* 13
*Er ist ein selbständiger
Bauer.* 15
s Semester, – 11
r Sessel, – 9
setzen, sich 11
r Setzer, – 15
sicher
Sie kann das sicher. 6
Ja, sicher. 8
sieht → sehen
s Silvester 9
sitzen 9
so
So geht das nicht! 8
Was? So viele? 9
Feiert ihr immer so? 9
Ist das so wichtig? 10
*So habe ich viel gese-
hen.* 11
so etwas 13
So so. 13
so groß wie 14
s Sofa, -s 9 Ü
sogar 11
r Sohn, ⁼e 3
solch- 8
sollen 6
sondern
nicht..., sondern... 14
r Sonntag, -e 4
sonst
*Sonst kann ich nicht
fahren.* 8
Was sonst noch? 9
e Sorge, -n 10
sowieso 8
e Sozialpflegerin,
-nen 2 I
Spanien 10
sparen 10
r Spaß
Das macht Spaß. 10
spät
Wie spät ist es? 4
Es ist schon spät. 4
später 10

spazieren
Ich gehe spazieren. 14
spielen
Er spielt Gitarre. 6
Das Kind spielt. 13 I
r Sport 10
sprach → sprechen
e Sprache, -n 11
r Sprachkurs, -e 11
sprechen 6
r Staat, -en 14 I
r Staatsdienst 14 I
e Stadt, ⁻e 7
r Stadtplan, ⁻e 9 I
r Stau, -s 15
stehen 9
auf der Seite von
 jmdm. stehen 14 I
steigen
ein/steigen 9
aus/steigen 9
um/steigen 9
e Stelle, -n
eine Stelle suchen 6
stellen 9
stimmen
Meine Uhr stimmt
 nicht. 4
Ja, das stimmt. 6
r Stock 9
s Stockwerk, -e 9
stolz 13
stören 8
e Strafe, -n 13
r Strand, ⁻e 15
e Straße, -n 9
r Streit 15
streiten 13
streng 13
s Stück, -e 5
r Student, -en 2
s Studentenleben 11
studieren 2
s Studium, Studien 11
r Studienplatz, ⁻e 12
e Stufe, -n 15 I
r Stuhl, ⁻e 9
e Stunde, -n 4

r Stundenplan, ⁻e 4 I
suchen 6
r Süden 14
Südfrankreich 15
r Supermarkt, ⁻e 7
e Süßigkeit, -en 8

e Tafel, -n 9
r Tag, -e
Guten Tag! 1
r Tagesablauf 4 Ü
täglich 15
tagsüber 6
e Tante, -n 3
tanzen 7
e Tanzmusik 7
s Taschengeld 13
e Tätigkeit, -en 1
e Technik 10 Ü
r Techniker, – 2
technisch 14
Technogerma 2
r Teil, -e 14 I
teilen 14 I
teils teils 10
e Teilung 14 I
telegrafieren 8
s Telefongespräch, -e
 10
r Termin, -e 4 Ü
r Terminplan, ⁻e 4 I
teuer 7
r Text, -e 2 Ü
e Textilarbeiterin,
 -nen 2 I
s Theater 5
s Tier, -e 14
r Tisch, -e 9
r Tischler, – 2 I
e Tochter, ⁻ 3
toll 5
Tokio 1
s Tonband, ⁻er 1 Ü
r Tourist, -en 14
Translingua 2
traurig 13
treffen 7
s Treffen, – 11 Ü

treffen, sich mit *Dat.*
 10
trennen, sich von *Dat.*
 10
e Trennung 10 G
trinken 6
trotzdem 10
Tschüs! 4
tun
Kann ich etwas für Sie
 tun? 6
Tut mir leid! 8
Tu mir einen Gefal-
 len! 8
Was habe ich getan?
 14
Wir tun nichts dage-
 gen. 15
e Tür, -en 9
e Türkei 9
türkisch 13 Ü
r Turm, ⁻e 12

e U-Bahn, -en 5
üben 15 Ü
e Übung, -en 1 Ü
über
Sie wohnt über mir. 9
Er geht über den
 Platz. 9
Er freut sich über den
 Besuch. 10
überall 15
überhaupt nicht 14
überlegen 10
e Überraschung, -en
 10
übersetzen 6
r Übersetzer, – 2
e Überstunde, -n 15
übrigens 9
e Uhr, -en 13 Ü
Wieviel Uhr ist es? 4
Es ist sechs Uhr. 4
um
Er kommt um sechs. 4
um die Ecke 9
um/steigen 9

um/ziehen 11
unabhängig 10
unbedingt 6
und 1
ungefähr 7
ungenügend 12 I
e Universität, -en 4
unmöglich 10
unmoralisch 10
unser 2
unten 9
unter 9 G
unterhalten, sich mit
 Dat. 10
r Unterricht 4
unterrichten 12
unverheiratet 10
r Urlaub 8
r Urlauber, – 14
s Urlaubsland 14
usw. (und so weiter)
 3 Ü

r Vater, ⁻ 2
verbieten 13 I
verbringen
den Urlaub verbrin-
 gen 15
verdienen 6
vergessen 11
s Vergnügen 13
verheiratet 3
verkaufen 13
r Verkäufer, – 2
r Verkehr 15 I
verlangen 13
verlassen 12
vernünftig 13
verschieden 14 I
versprechen 8
verständnisvoll 13
verstehen
Ich verstehe Deutsch. 6
Ich verstehe die Ju-
 gend nicht. 13
r Verwandte, -n 8
e Verwandschaft 3 Ü
verzichten auf *Akk.* 10

viel
Vielen Dank! 6
Er hat viele Freunde. 9
vielleicht 4
vier 3
s Viertel 4
vollautomatisch 15
von
Was ist er von Beruf? 2
von acht bis zwölf 4
ein Stück von Brecht 5
von jmdm. etw. be-
kommen 8
Er kommt von der
Arbeit. 9
von diesem Tag an 12
vor
fünf vor neun 4
vor der Post 9
vor einigen Wochen
14
vor allem 14
vorbei
Die Prüfung ist vor-
bei. 5
Er geht an der Post
vorbei. 9
vorgestern 11
vor/haben 5
r Vorhang, ¨e 9
e Vorlesung, -en 4
r Vormittag, -e 4
vormittags 4
vorn 9
vorstellen, sich etw.
Stell dir vor, ... 10

wahr 10
e Wand, ¨e 9
wandern 12
wann 4

warten 5
warum 5
was
Was machen Sie? 1
Was?! 5
Was für...? 6
Er kauft was. 9
war → sein
waschen 14
weder – noch 14
r Weg, -e 9
weg 13
wegen *Gen.* 14
weg/fahren 9
weg/gehen 5
s Weihnachten 8
weil 15
r Wein 7
weiß 7
weiß → wissen
weit 9
weiter/gehen
Wie soll's weiterge-
hen? 15
welch- 7
e Welt 14
weltbekannt 14
r Weltkrieg, -e 14 I
wenig 13
wenigstens 15
wenn 15
wer 2
werden
Er wird Lehrer. 6
wert
Was ist das wert? 15
r Westen 14
westlich 14 I
wichtig 10
wie
Wie bitte? 1
Wie heißen Sie? 1

Wie geht's? 2
Wie viele...? 3
Er bellt wie die Hun-
de. 12
so groß wie 14
wieder 4
s Wiedersehen 1
Wien 1
wild 12
will → wollen
wir 2
e Wirtschaft 14 Ü
wirtschaftlich 14
s Wirtschaftszentrum
14 I
wirklich
wirklich gut 6
Wirklich? 2
wissen
Ich weiß das. 6
Wissen Sie, ... 9
wissenschaftlich 12 I
wo 1
woanders 13
e Woche, -n 7
s Wochenende, -n
15
woher 1
wohin 9
wohl
sich wohlfühlen 11
wohnen 1
r Wohnort, -e 15 Ü
e Wohnung, -en 9
wollen 6
s Wort, ¨er
Er sagte kein Wort. 13
s Wörterbuch, ¨er 7
s Wunder, –
Das ist kein Wunder!
14
r Wunsch, ¨e 6

wünschen 8
wünschen, sich 10

e Zahl, -en 14
zahlen 15 I
zehn 3
zeigen 13
e Zeit 4
zur Zeit 6
e Zeitung, -en 4
s Zelt, -e 15
s Zentrum, Zentren
14 I
s Zeugnis, -se 12 I
ziehen in *Akk.* 12
ziemlich 13
s Zimmer, – 9
zog → ziehen
zornig 12
zu
Er geht zur Schule. 3
Er geht zum Essen. 4
zur Zeit 6
zu viel 6
zu Fuß 9
Es ist schwer, das zu
lernen. 15
zuerst 4
zufrieden 10
r Zug, ¨e 4
zu/machen 8
zurück 5
zurück/fahren 5
zurück/geben 8
zurück/gehen 6
zusammen 7
zusammen/leben 10
zusammen/stellen 11
zwar ..., aber 15
zwei 3
zweitens 15
zwischen *Dat* 9